発達障害「グレーゾーン」
生き方レッスン

岡田尊司

SB新書
619

はじめに　グレーゾーンの生きづらさを乗り越える

人生がうまくいく人の秘密

発達の臨床をしていて、しばしば驚かされることがある。

発達障害の診断には、知能検査などの発達検査が不可欠だが、**数値化された発達検査の結果は、非常に似たパターンを示しているのに、実際の人生におけるパフォーマンスに大きな差がみられるケースがあるのだ。**それは、単に知能が高いとか低いといったことだけではなく、細かな特性まで共通しているのに、その人の社会適応や社会での活躍ぶりに大きな違いが認められるのである。

もちろん、同じ傾向をもつわけだから、同じような生きづらさを抱えやすい面はあり、共通する部分もあるのだが、その能力がどれだけ活かされているかという点で、大きな差がみられる。

たとえば、一方の人は、一流大学の医学部を出た医師で、いろいろと苦労は多いものの、責任のある仕事を立派にこなしている。もう一方の人は、社会とのかかわりもほとんどなく、この十年以上、引きこもって暮らしている。

能力的には同じように、言語理解や知覚統合といった能力は優《すぐ》れているのに対し、単純作業は苦手で、処理速度が低いという共通する特性を示し、また、過敏さやこだわりの強さといった点でも、同じような困難を抱えている。子どものころには同じようにイジメを受けた経験も共通している。

だが、一人の人は、それらのマイナスな面をもちながらも、言語理解や知覚統合といった能力の高さをうまく生かして、専門職として働いている。一方、もう一人の人は、負の体験をはねのけられないままに、前者よりもさらに優秀な言語理解や知覚統合の能力をもちながら、それを生かすことができないでいる。

何が違うのだろうか。もちろん、そこにかかわっている要素は一つではないし、単純化して論ずることはできないのだが、通常、発達障害とか発達特性として理解されている視点だけでは、説明できない重要な要素があるのだ。

それをひと言で表す言葉を探すならば、「生き方」ということになるように思う。同じような特性とハンディをもっていたとしても、**生きやすくなる生き方、自分を活かせる生き方、チャンスが増える生き方を身につけているか、自分からチャンスを遠**

ざけ、自分で自分を見捨ててしまうような生き方を、知らず知らずしてしまうか。それを日々繰り返し、月日を積み重ねるなかで、大きな違いが生まれてしまうのである。

そこには、発達検査の数値では測れない要素もからんでいるように思える。この二人の場合も、会ったときの印象が大きく異なるのだ。その印象の違いに、**困難を抱えつつも、人生が割にうまくいくか、過酷なものとなるかの違いの秘密**がひそんでいるように思う。

その違いの中身については、あとの章で述べていくとして、診断や検査の数値だけでは測れないものがあることも、知っておいてほしいのだ。そして、その違いとなる部分は、その人の「生き方」と密接に結びついているが、それは、本人や周囲の自覚や努力によって少しずつ変えられるものであり、その積み重ねの結果が、社会適応のレベルを左右しているとも言えるのである。

発達の課題や特性を乗り越えて、自分にふさわしい、実りある人生を手に入れるためには、発達特性の理解とともに、それを超える「生き方」について学び、自分を活かせる生き方を身につけていくことが、とても大切に思えるのである。

グレーゾーンの人は生きづらさを抱えやすい

障害があると診断されるレベルの発達障害よりも、診断には至らないレベルのグレーゾーンは、**障害の程度としては軽度であり、困難も小さいはずなのだが、実際には、生きづらさという点において、決して軽いとは言えず、むしろ深刻な生きづらさを抱えている場合もある。**

その理由の一つは、障害をもつ存在として認知され、守られるわけではないので、通常の競争や社会的プレッシャーにさらされるという現実の厳しさがあるだろう。その人の抱える特性を理解してもらい配慮されるよりも、「どんくさい人」「変わった人」「自分勝手な人」とみなされ、否定的な評価や不利な扱いを受けやすい。

虐待やイジメ、仲間外れといった過酷な目に遭うことも多く、二重三重に傷つけられ、そのトラウマがいまも尾を引いてしまい、安心感の乏しさ、対人不信、自信のなさ、回避的な生き方などにつながっている。その部分が足を引っ張って、その人のもつ良さや強みも生かすことができていないことも多い。

グレーゾーンの人では、ある部分で高い能力をもつことも多いので、親から人並み

以上に高い期待をかけられているという場合も少なくない。そうした期待に、ある時期までは応えることもできるのだが、次第に限界が来て、挫折やドロップアウトを味わうことも起きやすい。その結果、自信が自己否定に変わり、恥辱感《ちじょくかん》や劣等感、罪悪感にさいなまれ続けることもある。

一番味方となってくれるはずの親との関係も悪化してしまいやすい。なぜなら親は、彼らの苦しさを理解することなく、勝手な期待やプレッシャー、評価を与えた存在として、もはや味方とはみなせなくなってしまうからだ。

発達特性を踏まえつつ、乗り越えていく

前著『発達障害「グレーゾーン」その正しい理解と克服法』では、多くの人が抱えやすい発達特性を八つのタイプに分け、どういう特性によって、どういう困難が生じやすいかについて、かなり専門的なところまで踏み込んで解説した。同書では、

①同じ行動を繰り返すタイプ（こだわり症・執着症）

②空気が読めないタイプ（社会的コミュニケーション障害）

③イメージするのが苦手なタイプ（ASDタイプと文系脳タイプ）
④共感するのが苦手なタイプ（理系脳タイプとSタイプ）
⑤ひといちばい過敏なタイプ（HSPと不安型愛着スタイル）
⑥生活が混乱しやすいタイプ（ADHDと擬似ADHD）
⑦動きがぎこちないタイプ（発達性協調運動障害）
⑧勉強が苦手なタイプ（学習障害と境界知能）

以上、八つの代表的なタイプを取り上げた。従来の固定化した診断では、うまくとらえきれない状態も、特性を中心に理解することで、よりしっくりと理解しやすくなったかと思う。

同書を読まれて、ご自分の課題や生きづらさの正体がよくわかったという方から、たくさんの声をいただいた。大きな反響に、障害未満ではあるが、特性や傾向のために、生きづらさを抱えて生活されている方が、いかに多いかを改めて痛感させられた。

発達特性について、ある程度、理解がもてるようになった次のステップとして、わたしが当初計画したのは、発達特性についてのより詳しい知識や、それを改善するための専門的なトレーニングについてお伝えすることであったが、さらに考えているうちに、もっと大切なことがあるのではないかと思うようになった。

冒頭で述べたように、発達特性について学ぶことだけでは、じつはこの課題を乗り越えるには十分ではないのだ。グレーゾーンの人の生きづらさには、発達特性だけでなく、愛着の課題やトラウマの影響もからんでいることが多い。どうすれば、そうした複合的な課題を抱えていても、事態をいい方向に向かわせることができるのか。その人にふさわしい人生を実現していくことができるのか。

そこにかかわってくるのが、自分自身や自分の人生に対するスタンスとでも言うべきもので、身近な言葉でいえば「生き方」ということになる。その違いが、チャンスや幸運を引き寄せもすれば、遠ざけてしまうこともある。どういう「生き方」を身につけ、実践していけばいいのか、それをお伝えすることが、より有益ではないのかと考えるようになったのである。

生きづらさをはねのけて、自分らしい人生を手に入れる

わたしは三十五年にわたる精神科医としての臨床において、発達特性だけではなく、愛着や心の傷によって二重三重の生きづらさを抱えた人たちの、回復を助ける仕事に携わってきた。いまも毎日、数多くの人が日本全国から、ときには海外から、わたしのクリニックやわたしが顧問を務めるカウンセリングセンターに助けを求めてこられる。

そうした臨床経験の積み重ねのなかで、生きづらさを抱えた人が、回復を遂げ、見違えるように元気になるだけでなく、その人本来の可能性を開花させたケースを数多く見てきた。長い引きこもりから脱して就職しただけではなく、友人との交流や新しいやりがいを楽しんでいる人もいれば、その人にふさわしいパートナーと出会って新しい人生を築いている人もいる。研究者として業績を上げたり、企業家として夢を実現したり、漫画家やアーティストとして活躍している人もいる。

それぞれ特性や心の傷を抱え、親との関係やイジメに苦しんだ人も多い。一度は社会からドロップアウトしかけて、どん底を味わった人がほとんどだ。そこから回復を

遂げるということは、そう容易なことではないが、だからこそ、そのプロセスから得られるものも大きいのである。

臨床のエッセンスが教えてくれること

われわれ臨床家は、日々の取り組みのなかで、何がうまくいくポイントなのか、どういう方法はダメでどういう働きかけが有効なのか、何を目指してどういう努力をすればいいのか、ということに臨床の場で目を凝らし、日夜学ばせてもらっている。そして、そこから得た経験知を次の臨床に生かすことで、与えてもらった知恵を還元することを繰り返しているのだ。

学術研究や著作から学ばせてもらうことも多いが、わたしが実践で頼りにするのは、やはり実践のなかで得られた感覚や経験的な知見であり、うまくいったことだけでなく、苦い経験からも得られた根本的な指針である。そこには、わたし自身の個人的な経験から得た知恵も含まれるだろう。

困難を抱えていても、自分を活かせる「生き方」を学び、それを身につけていくうえで必要なのは、まさにそうした実践知である。本書は、そうした実践知をまとめ上げたものである。

単なる学術的なデータや机上の理論よりも、発達特性や愛着トラウマなどの心の傷を抱え、生きづらさを感じながら暮らしている人が、日々の生活のなかでどのように生活し、行動し、気もちのバランスを取り、何を目指して進んでいけばいいのかということを、一般の人にもできるだけわかりやすいかたちで書いた。すべて実際の臨床や現実の人生で役立ったものであり、あまり役に立たない理論や方法はできるだけ省いた。

生きづらさや自身の課題を自覚しはじめるのは、思春期から青年期以降である。したがって、本書は、青年期から成人の方やその方を支えるご家族や支援者を主な対象とした内容となっているが、グレーゾーンの人の生きづらさの根っこは、多くの場合、幼少期や学童期の体験からはじまっている。

そのことを考えると、目の前のお子さんだけではなく、将来のお子さんの姿を見据えて、お子さんがどちらに向かって進んでいくように支えていけばいいのか、それにはどういう心構えで、どういうかかわりをすればいいのかということを知っておくことは、幼い子をもつ親御さんにとっても、大事なことに思える。

生き方というテーマは、発達課題をもつもたないということを超えた、人間普遍のテーマだとも言える。発達課題や不安定な愛着、トラウマといった課題を抱えた人では、それはより困難で、濃縮された試練となりやすいが、それゆえに、そこから知恵や工夫が生まれ、成長や飛躍がもたらされることも少なくない。

本書との出会いが、ご自身の生き方を振り返り、新たな気づきのきっかけとなることを祈っている。

なお、本書には多くの具体的事例が登場するが、それらの事例は、実際のケースをヒントに再構成したものであり、特定のケースとは無関係であることをお断りしておく。

発達障害「グレーゾーン」生き方レッスン　もくじ

はじめに　グレーゾーンの生きづらさを乗り越える

人生がうまくいく人の秘密……3
グレーゾーンの人は生きづらさを抱えやすい……6
発達特性を踏まえつつ、乗り越えていく……7
生きづらさをはねのけて、自分らしい人生を手に入れる……10
臨床のエッセンスが教えてくれること……11

第1章　睡眠と生活リズムを整える

うまくいくための土台は、いい睡眠と安定した生活リズムから……26
朝がどうしても起きられない……26
青年期にひそむ落とし穴……28
季節が変わって朝起きられなくなった……31
それでも起きられないという人のために……33

朝のストレッチと午後の散歩……35
朝の目覚めが改善する薬もある……37
夜中に目が覚めてしまう人のために……38

第2章　楽しみと心地よいルーティンをもつ

意欲や活力に満ちた人の共通点……42
地道な努力を支えるには……44
自分の体と対話する……45
不安障害と診断された四十代女性の場合……48
軽度なASD傾向のある大学生の場合……49
身近なことを大切にする……52
生活のコントロールが、生きづらさをやわらげる……55
何をするのも面倒くさい……56

怠け者の脳には明確な指示が必要……57
誘惑に弱い脳とのつき合い方――油断もスキも与えない……60
買いもの依存の傾向のある女性の場合……61
最初にやることで勝負が決まる……62
昼食は炭水化物を減らして軽くとる……63
日々の生活のなかで実行機能を鍛える……67
ワーキングメモリを「更新」する……69

第3章 感じのいい人になる

人生を左右するカギ……76
相手の心をとらえる愛想のよさとは？……78
グレーゾーンの人は無愛想になりがち……79
とても愛想がよかったアドラー……81

好感をもたれる最大の要因とは？……83
女性がもっとも嫌うのは……86
ぼろ着のアンディ・ウォーホル……88
完璧な身なりだったマクドナルド創業者レイ・クロック……89
押しつけがましい態度に、女性はＤＶのにおいを嗅ぐ……91
相手が嫌な顔をしたらストップ……92
子どもにしてほしいことを無理強いしない……93
誘い方にもルールがある……94
夫婦関係に悩む男性がカウンセリングを卒業した日……97
抵抗には抵抗しない……98

第4章 心を開き、安全基地を手に入れる

一緒にいるだけで、元気で幸せになれる人……102

親密な関係や信頼関係を築くにも……103
心を開くことが可能性を広げる……105
心を開くことが相手の心も開かせる……107
心を開いた状態とは？……108
心を開くことは「安全基地」になること……110
心を開くことのパワー……112
引きこもりだったKさんの回復をもたらしたのは……114
心を開こうとしたとき、傷つけてくる相手には……118

第5章 自分を守れる人になる

同僚からの頼みを断れない……122
グレーゾーンの人は相手の要求をかわすのが苦手……123
自分を守るために、上手に「ノー」を言う……124

相手を責める反応が極端に低い五十代男性の場合 …… 125
適切に「ノーサイン」を出す …… 128
難しい相手には、礼儀正しく距離をとる …… 130
孔子の知恵 …… 132
こちらの都合や事情を伝える …… 133
自分がどうしたいかをあきらかにする …… 135
人の褌《ふんどし》を借りてもいい …… 136
ユングがつらい体験から学んだこと …… 138
合わないことはやめる …… 142
逃げ出してもいい …… 143
身を捨ててこそ浮かぶ瀬もあれ …… 145

第6章 こだわりと白黒思考から自由になる

その人を縛るルールやこだわり……152
子どもと同居することがストレスに……154
自分のこだわりを押しつけない……156
相手の身になって考える習慣……158
正しさを優先するか、気もちを優先するか……159
言葉の使い方や細部にこだわってしまう……163
白か黒かにとらわれない……165
相反する視点を併せもてるようになる……167
二分法的思考を克服する……168
想定外なこと、意に反することが起きたとき……171
パニックを克服する7つの段階……172

ハンドルを握ると人が変わってしまうGさん……176
パターンを変えることが可能性を広げる……178
行動が変わると中身も変わり出す……179

第7章 不安やネガティブな感情に対処する

不安が劇的になくなった人に共通すること……182
些細なことで落ち込んで、いつまでも引きずりやすい人……184
自分の価値を人と比べて判断してしまう……185
自分への否定的な思い込みから脱するために……187
不安への対処法を身につける……189
不安やパニック発作への対処法……190
感情を変えられないときは、行動を変えてみる……194
反芻思考を止めるには……197

自己肯定感を高めていくには……199

第8章 人生をコントロールする

幸運も不運も自分が呼び寄せるもの……206
自分の失敗パターンに気づく……207
執着気質の人は気分のアップダウンを生じやすい……210
正義感の強さから対立を生んでいた四十代男性の場合……211
自分の特性や強みが生かされる環境……213
ADHD傾向のある男性の場合……213
自分の特性に気づき公認会計士試験に合格……214
新奇性探求の強い人は刺激中毒に注意……216
うまくいっていたときのリズムを大切に……219
うまくいっているときほど気を引き締める……222

第9章 自分自身とつながる

人は、目指す未来によって変わっていく……226
グレーゾーンの人が抱えやすいコア・ジレンマ……228
バランスのいい親子関係の特徴……230
特性を超えて人生を動かすもの……231
改心や立ち直りと呼ばれる現象……233
問題児だったノーベル賞受賞者ラモン・イ・カハル……233
父親にも見限られたカハルが勉学に目覚めたとき……237
就職するつもりだった中学生が進学を決意した訳……240
苦手科目の数学が得意科目になったアドラー……242
ユング少年が生まれ変わった日……243
自分自身との関係を知る……245
不良から世界的学者になったクレイグ・ベンター……247
主体性を取り戻す……253

自分の可能性を信じられなかったSさん……255
回避癖を脱したFさん……257
自分の価値が認められる体験……260
どんな仕事も続かなかった青年を変えたもの……262

第10章 すべての苦労が恵みとなって返ってくる

特別な味方になる……268
青年期は迷いながらもいろいろと試してみること……270
心を開けば、可能性も開けていく……272
失敗してもいつしか恵みとなって返ってくる……274
注釈……276
主な参考文献……283

第1章

睡眠と生活リズムを整える

うまくいくための土台は、いい睡眠と安定した生活リズムから

発達に軽度の課題をもつグレーゾーンの人では、その特性のため、またバランスの悪い環境要因のため、セルフコントロールやセルフケア、生活管理や自己管理が苦手な人が多い。健康や生活の土台がしっかりできていないと、生活は混乱し、失敗やミスばかりが続発することで、もてる能力も発揮できなくなってしまう。

いくら能力があっても、朝寝坊して試験を受けられなければ、試験に合格することはできないし、睡眠不足で体調が悪くては、何事にも身が入らない。

人生がうまくいくための土台は、やはり健康や管理された生活にある。その点を外して、いくら難しいことをやろうとしても、空回りに終わってしまう。生産的な人生を送るためにも、そのベースはとても大切だ。

朝がどうしても起きられない

健康管理やセルフケアの土台として、睡眠のリズムがまず重要になってくる。睡眠が不安定では、生活も健康も安定しない。

グレーゾーンの人は、神経の過敏さやまたそれと同居することが多い低登録（過敏さとは逆に、神経が切り替わりにくいこと）の傾向により、**夜はなかなか寝つけず、朝は起きられないという状況になりやすい。**なかには寝つきはいいのだが、深夜に目覚めてしまい、そこから明け方まで眠れず、結局、日中眠くなってしまうというパターンも少なくない。

同じ人でも、時期によって睡眠パターンは変動するため、現在の自分の状態に合わせて、ちょうどいいところに調整するスキルが求められる。優れた野球選手が、シーズン中にもフォームを微妙に調整することで、調子のブレに対応するのと同じである。この章では、**睡眠リズムの崩れと発達特性の関係について理解を深めるとともに、それを調整するスキルを学んでいこう。**

かくいうわたし自身、朝が苦手だった。一番ひどかったのは、大学生だった十八から二十代前半くらいまでだろうか。まだそのころは自己管理のスキルが身についていなかったうえに、親元から離れて暮らしはじめたということも大きかった。発達や愛着に課題があるグレーゾーンの人では、精神的にも生活能力の点でも、自立できていないことが多い。

青年期にひそむ落とし穴

あまりかまわれなかった回避型（人に期待もしない代わりに、依存することもない愛着が希薄なタイプ）の人では、早くから自立して、自分のことは自分でこなしてきたという人も多いが、そのタイプの人でさえ、青年期にはある種の退行を起こして、生活管理能力が低下しやすい。だらしない生活リズムになったり、昼夜のリズムが逆転したりしやすい。子どものころにはきちんとできていたことが、できなくなったり、しなくなったりするのだ。

そこには、いくつかの要因がからむ。

一つは、この時期、過敏さが増しやすいということだ。**グレーゾーンの人は、もともと過敏な傾向をもっていることが多いが、思春期・青年期には、その過敏さの度合いが強まる**のが普通だ。過敏さが強まるとどうなるか。

同じことをしても、二倍三倍疲れてしまう。傷つくことや不快に感じることが増えてくる。周囲の大人や先輩、同輩や友人から言われたことで、ガーンとくることも多くなる。そうなると、朝起きるエネルギーも落ち、学校に行くことが嫌に思え、このまま寝ていたいという誘惑に負けてしまう。

もう一つは、子どもから大人への移行期であるこの時期には、これまで暮らしてきた昼間の世界から夜の世界に目覚めが起きるためだ。それまでは、子どもが夜の世界に足を踏み入れないように、親たちはそれなりに努力して、そのためのルールや習慣を維持してきたのだが、それが綻《ほころ》びはじめる。

夜の世界への目覚めは、ある意味、大人の世界への目覚めでもあり、性的な目覚めや、もはやよい子ばかりではいられないという悪い子の目覚めでもある。夜には子どもの日常とは異なる非日常的で、神秘的で、未知な世界と出会う感覚もあり、そこに魅せられる面もある。

夜中まで起きていることは、親のルールに逆らうことでもあるが、それは大人になったような自由な解放感を与えてくれる。夜の世界を知ることが、ある意味、一つの成長の通過儀礼として、子どもには必要だとも言える。

大学生になった子が、夜は何時に寝ているのだと問われて、十時だと答えると、「お子ちゃまだな」とまわりから嘲笑《ちょうしょう》されたりするのも、一人前の大人は、もっと夜の世界を知っている存在だという思いがあるからに違いない。

わたしが大学生のとき、シェイクスピアの全作品を翻訳して、当時華々しく活躍されていた小田島雄志先生が、東大で英語の授業を担当されていたが、毎月三十本の芝居を見ているという話をしたついでに、「夜の十二時なんて、まだ宵《よい》の口だもんな」と話されたのが、記憶に残っている。つまり、そこから、大人の謎めいた時間がはじまるということを、まだ青くさい学生にほんの少し自慢されたのだろうが、実際には、われわれも似たような生活を送っていたのだ。

もっともそこには、われわれには縁のない、美しい女優や当意即妙《とういそくみょう》な会話や高級なお酒があるのだろうと、ただ想像するしかなかった。小田島先生は、もう五十歳を超える年齢だったはずだから、ある意味、そこそこいい年になっても、大学生のような生活と感覚を維持されていたということであり、むしろその感覚の若々しさに敬意を表して、学生たちもどっと笑ったのかもしれない。

夜の世界を知ることは、大人への関門であると同時に、まだつき合い方に慣れていない若者は、落とし穴にはまりやすいことになる。夜《よ》が白《しら》むまで起きていて、それから眠るということも当たり前になっていく。

そこで、もう一つ足を引っ張ることになるのが、この年代は、自律神経の働きや体内時計の調節機能がまだ弱く、いったん生活が乱れ出すと、リズムを取り戻すのが容易ではないということだ。グレーゾーンの子では、なおさらだ。朝は起きられず、昼ごろか、ときには日が暮れてくるころ、やっと起き出すということにもなる。

そういう状態では、体力も落ちていて、昼間動こうとしても、立ちくらみがしたり疲れやすかったり、頭がぼんやりしたりして、結局横になってゴロゴロしてしまう。夜になるとようやく元気が出てくるわけだが、困ったことに、そのリズムがなかなか変えられない。

季節が変わって朝起きられなくなった

さらにもう一つ足を引っ張るのが、季節的要因である。もっとも多いのは、秋から冬の時期に、次第に朝がつらくなり、起きられなくなってしまうというケースだ。

こうなってしまう根本的な要因は、地球の軸が公転面に対して傾いているためで、日照時間が短くなるとともに、気温が下がっていくことによる。その影響は、意外なほど大きく、毎年この時季には、気分も落ち込み、体が鉛《なまり》のように重くなって、寝てばかりになるという人もいる。**グレーゾーンの人には、光や気温、気圧といった影響を受けやすい人が少なくない。**

朝が起きられなくなったという場合、筆者が診察の場面で一番に確認するのは、窓の状態だ。**遮光《しゃこう》カーテンを使っているという場合、秋冬と季節が進むにつれて、どんどん起きづらくなりやすい。**夏場でも、遮光カーテンが、朝が起きにくい一因となっている場合がある。光は、睡眠と覚醒のリズムにとって決定的とも言える役割を果たしている。カーテンを遮光性の低いものに変えたり、カーテンの一部を開けておくようにするだけで、起きやすくなるケースがかなりある。

冬場の低温が起きづらさを強めている場合には、起床時間の一時間前くらいから暖房を強めに入れると、起きやすくなる。逆に気温が低く、暗いところだといくらでも眠れてしまう。暑すぎるのは、途中覚醒や悪夢の原因になる。冬場は、床に就《つ》くまでは暖房を入れておき、床《とこ》に入るときに切るか、温度を下げるとよい。夏場に早く目が覚めてしまうという場合は、遮光カーテンやアイマスクで、光をガードすることが効果的だ。

それでも起きられないという人のために

だが、そうした手段を講《こう》じても、なかなか起きられない。何とか起きても、変な時間に眠ってしまい、結局、余計にリズムが狂ってしまうという場合は、どうすればよいだろうか。

その場合、**おすすめなのは、いきなり理想の時間に起きようとするのではなく、ふだんより三十分だけ早く起きるようにしてみることだ。**三十分早く起きることで、少しだけ睡眠負債《ふさい》（睡眠のバランスシートがマイナスになった状態）が生じ、いつもより少し早く眠れることにつながりやすい。それが定着したら、また三十分だけ起きる時間を早める。

長く眠るタイプの人は、睡眠に対して執着があり、少しでも睡眠が足りないと感じると、それがとても悪いことのように思ってしまう。できるだけ完璧な睡眠を取ろうとして、結局必要以上に横になっているということも多い。そして、なかなか寝つけないという不満を抱いている。

では、五分以内に眠れるような人は、どういう人かというと、じつは、睡眠負債をつねに抱えている人だ。睡眠が少し足りていない状態にいることで、寝つきもよくなり、睡眠も深くなる。眠りすぎているのに、なかなか眠れないと嘆《なげ》いている状況を改善するのに有効なのは、少し睡眠が足りない状態のほうが人間は元気なのだということを知って、睡眠に対する意識を変えることだ。もちろん大幅な睡眠不足はよくないが、眠りすぎると、気分や活力が落ちてしまうことも多いのだ。

そうした生活から抜け出すうえで、多くの人で生活のペースメーカーになってくれるのが、仕事である。自堕落《じだらく》な生活に陥った学生が、生活の規律を取り戻すうえで、何よりも効果的なのは、アルバイトであり、就職である。つまり、社会的責任や報酬という強制力が働いて、渋々でも起きるようになる。それを繰り返すなかで、リズムが是正《ぜせい》されるだけでなく、自律神経機能や体内時計の調節機能も鍛えられていく。

しかし、バイトにさえ耐えられないくらい、昼夜のリズムのズレに加えて、体力も低下しているというケースもある。そうした場合は、まずは日々の生活のために必要な家事を、人任せにせず自分でやるということが、復活のきっかけになる。**何もできなくても、起きて座っているということだけでも、意味がある。**

横になっていると、体を支える必要がないので、腸腰筋《ちょうようきん》などの体幹を支える筋肉が衰えてしまう。すると、姿勢を保持できなくなって、座っているだけでも体が疲れてしまうので、またすぐ横になってしまうという悪循環に陥るのだ。

リハビリ専門の病院に行くと、七十代、八十代のお年寄りが、脳梗塞《のうこうそく》などの後遺症のリハビリに取り組んでいる。一日何時間にも及ぶリハビリだけでも、大変な重労働だが、リハビリが終わっても、特別な理由がない限り、ベッドで横にならせてもらえない。就寝時間以外は、座っているように指導される。長時間横になってしまうと、筋肉が衰えるだけではなく、肺などの機能にも支障が出やすいのだ。

脳梗塞にかかった八十代のお年寄りも、そうした訓練によって、機能の低下と戦っている。ましてや、もっと若い世代が、よく眠れなかったからといって横になる必要などない。よく眠りたかったら、横になどならず、少しでも活動することを心がけることだ。そうすれば、就寝時間が待ちきれないように、すぐに寝つけるし、睡眠の質も改善して、ぐっすり眠れるようになるだろう。

朝のストレッチと午後の散歩

リズムや体調を維持するうえで、効果的な習慣として、おすすめは朝のストレッチ

と**午後の散歩**である（夏の暑い時期は、朝か夕方がよい）。

朝に散歩されるという人も多いが、朝が苦手な人がやっても長続きしないことが多い。また、寒い時期は、急に歩いたりすると心臓血管系に負担をかけ、心筋梗塞などのリスクを高めてしまうこともある。夜に歩くという人も多いが、昼夜のリズムからいうと、夕食後に運動することは、あまりおすすめしない。せっかく夕食をとり、副交感神経が優位になり、リラックスしている体に運動させるのは、自律神経のバランスを悪くさせやすいのだ。夜が眠りにくくなったり、寝ようとすると動悸《どうき》がしたりする人もいる。

どうせ運動するのなら、午後がおすすめだ。できればまだ日が暮れていない明るいうちがベストだが、夕食前までの時間帯なら問題ない。

朝におすすめなのは、ストレッチで、体のエンジンをかける習慣としても適《てき》している。布団からなかなか出られないという人も、まずは布団のなかで、足首を回したり、体を伸ばしたりすることからはじめて、寝床でストレッチをするというのもいいだろう。

もちろん、リビングまで出てきて、カーペットや敷物の上でやるのもいいだろう。

ストレッチ以外でも、ヨガやピラティス、瞑想などに取り組むのも、朝のスイッチを入れる、よい習慣である。

眠っている間にこわばっている体がやわらかくなると、血の巡りもだんだんよくなって、活力も出てきやすくなる。**体がやわらかくなると心もやわらかくなり、嫌なことに対しても、ストレスをうまくかわす準備運動になる。**

朝の目覚めが改善する薬もある

それでも、どうしても朝が苦手で、エンジンがかかりにくいという人には、薬の治療も選択肢になるだろう。使いやすく、比較的安全性も優れ、依存性もないという点でおすすめなのは、アリピプラゾール（商品名、エビリファイ）という薬だ。

元気はつらつオロナミンCで有名な大塚製薬が開発したこの薬は、やはり元気が出る薬なのだが、投与する容量によって効き方が違ってくる。大量に使うと、幻覚妄想や躁《そう》状態を改善する強力な安定剤となるのだが、少量を使うと、うつ状態の改善や過敏な傾向をやわらげたりするのに効果がある。

この薬のもう一つの特徴的な作用としては、少量を使うと、朝が起きやすくなるという効果があることで、過眠をともなううつ状態や朝起きるのに苦労する若者のうつにも、しばしば使われる。

アリピプラゾールは、ＡＳＤ（自閉スペクトラム症）にともなう感覚過敏やイライラ、パニック、チックなどの改善にも有効で、子どものケースにもよく使われる。もちろん大人のケースにも有効だ。過敏で、疲れやすく、エンジンがかかりにくく、朝が苦手という人では、一度試してみる価値があるだろう。

夜中に目が覚めてしまう人のために

朝が起きられないのとは逆に、寝つきはいいのだが、夜中や早朝に目が覚めてしまい、それから眠れないという人もいる。翌日に眠気が残る原因ともなり、意欲や仕事の能率、生活のリズムにも影響が出てしまう。

睡眠相（睡眠時間帯）が後退ではなく、前進した状態だと言える。そうした場合に、朝早くから活動してしまうと、いっそう睡眠相が前進してしまい、同じパターンから抜け出せないだけではなく、疲れがたまる原因にもなる。

こうした場合には、朝に運動するのはやめて、午後か夕方に運動する。場合によっては、夕食後の時間帯に、軽く運動してみるのもよい。通常は、夕食以降は筋肉を使うような運動を避けて、リラックスすることを中心にしたほうが眠りやすいのだが、早く睡眠相が来てしまう状態のときには、眠気が来やすい時間帯に体を動かすことで、交感神経を活性化させ、眠りの相がくるのを遅らせるのだ。

運動の代わりにゲームをしたり、パズルをしたり、スポーツ観戦をしたりするなど、脳が興奮してドーパミンが放出されるようなことを意図的に行うことも、眠りの相を遅らせることにつながる。

睡眠相が後退しやすい人には、おすすめできないことが、逆に有効なのである。朝は、カーテンをできるだけ締め切って、真っ暗にし、室温も低めに設定したほうが、目が覚めにくくなる。

目が覚めやすい人で注意すべきは、うつ状態がないかという点である。うつ状態にも二つのタイプがあり、過眠になる場合と、早朝覚醒が起きる場合がある。若い人では前者が多いが、中高年では、後者のケースが多い。うつにより早朝覚醒が起きている場合、夢を見るような浅い眠りがとれなくなり、脳に疲労が蓄積しやすい。集中力や記憶力も低下しやすい。以前なら簡単にできたことに時間がかかるとか、うまくできずにイライラするといった場合は、うつの可能性が高い。

こうした場合には、通常の睡眠薬を飲んでも熟睡感がなく、ただぼんやりするだけということも多い。ミルタザピンという抗うつ薬を少量服用すると、よく眠れるうえに、うつ状態も改善して、次第にパフォーマンスもよくなっていく。

第2章

楽しみと心地よいルーティンをもつ

意欲や活力に満ちた人の共通点

人が元気に生きていくために不可欠なのは、ほどよい喜びと果たすべき役割である。人は喜びを失うと、生きていけない。うつ病にかかった人が、あっけなく死を選んでしまうのは、喜びを感じられなくなってしまうためだ。

うつ病にかかりやすいのは、義務感が強く、責任を背負いすぎてしまうタイプで、執着傾向や強迫傾向の強いタイプのグレーゾーンの人も予備軍だと言えるので、要注意だ。

その一方で、果たすべき役割やストレスがなさすぎる状況も、逆にストレスになり、活力を失わせてしまう。

リタイアを楽しみにしていたのに、実際にリタイアすると、うつになったり、認知症になったり、早く亡くなってしまうということも多い。子育てを終えた母親がかかりやすい空の巣症候群も、子育てに追われ、やらなければならないことに息つく暇もなかったときには大変だったが、それが生きがいにもなっていたことを示している。

何にも縛られないような生活は、かえって人間の活力を低下させてしまう。たとえば、社長と一般労働者の平均寿命を比べた研究によると、大きな責任を負って長時間働いているにもかかわらず、社長のほうが、一般の労働者よりも元気で長生きだったのである。

責任も重いが、主体的に行動することができ、やりがいや報酬も大きいというほうが、活力だけではなく健康にとってもプラスの面があると考えられる。もちろんそこで重要になるのは、ほどよさであり、バランスということになるだろう。

楽しみややりがいと負担や責任の大きさが、ほどよくバランスをとれていることが、意欲や活力を保つためには大事だと言える。意欲や活力に満ちた人では、責任や負担も大きいが、楽しみややりがいといった報酬も受け取っていて、そのバランスが、少し黒字を維持していると言える。

責任や負担といったものは、頑張れば頑張るほど増えるという性質をもつ。一方、楽しみややりがいといった報酬は、忙しいと削られてしまいやすい。また、やりがいというファクターは、自分の努力では、うまく得られない場合もある。

その点、楽しみを与えてくれる活動や習慣は、自分でコントロールできることだ。日ごろから楽しみの習慣をもち、その部分はどんなに忙しくても、削ってしまわないようにすることが大切だと言える。

地道な努力を支えるには

筆者が受験生だったとき、『あしたのジョー』のアニメが再放送で毎晩放映されていて、夕食のあとにそのアニメを見ることが、毎日の楽しみになっていた。

医師国家試験の勉強をしていたときも、昼食のあと、昼ドラを三本ほど続けて観るのが楽しみだった。それに一時間半を費やすのは、時間の無駄にも思えるかもしれないが、国家試験のような大きな試験が相手となると、朝から晩まで十時間以上勉強するのが普通だ。そのための意欲と集中力を維持するためには、むしろ、息抜きを積極的にとることが重要になる。

散歩をしたりすることと並んで、続きもののドラマやアニメを、決まった時間だけ見ることは、とても安定した清涼剤となる。

その後の人生においても、毎日少しずつ同じ本の続きを読むことやシリーズもののドラマを見ることは、生活のリズムや気もちの安定、そして、意欲や活力を維持するのに役立ってきた。寝る前に同じ本を読む習慣は、いまも続いている。嫌なことがあった日でも、同じ本の同じページに戻って、その世界にしばらく浸れることは、心を落ち着かせてくれるし、最良の寝つき薬にもなる。

どんなときも何か一つ楽しみや息抜きをもっているだけで、気もちが行き詰まってしまうのを防いでくれる。心の家計簿が赤字になったとしても、少しだけ赤字を減らせる。

パートナーやつき合っている人がいて、その人が支えになっているという場合も、関係が安定しているときには、慰めや安定剤となるが、人間という生きものが相手であるだけに、一つ間違うと、足を引っ張る要因にもなり得る。

相手のペースに振り回されたり、天国から地獄に突き落とされたりするような関係では、仕事のパフォーマンスにも影響してしまう。むしろ、孤独なほうが何かに打ち込むには適しているとも言える。

自分の体と対話する

グレーゾーンの人でしばしばおろそかになりがちなのは、自分の体のケアをすることである。ASD（自閉スペクトラム症）の傾向のある方では、そもそも身体感覚に対する関心や注意が乏しいということも多い。自分に体があることを忘れているのだ。

関心のあることに集中しすぎたり、特定のことばかりを気にしすぎたりして、自分の体がどういう状態にあって、どう感じているのかといったことは素通りしてしまう。一方では過敏で、一方では鈍感（低登録が高い）ということが併存することも多い。じっくり何かを味わったり、体の感覚や動きを楽しんだりという能力が未開発なのである。

ただ栄養補給や空腹を満たすために食べて、何を食べたのかあまり意識がないとか、体を動かすことはすべて、嫌々しなければならない厄介事だと思っているという人もいる。

その点、ＬＤ（学習障害）タイプの人やＡＤＨＤ（注意欠如・多動症）タイプの一部では、身体感覚や体を動かすことに優れ、実際、そうしたジャンルのこと（スポーツやダンス、料理など）に楽しみを見出す人も多い。ただ、そのタイプの人でも、せっかちな傾向が強かったりすると、じっくり味わうということは苦手だったりもする。

人生を豊かにするとともに、心と体のバランスを高めるためには、自分の体や体の感覚と対話をするということが、とても大事になる。

一般的におすすめなのは、ストレッチや散歩の習慣をもつことである。その人の好みや体力に合わせて、筋トレやピラティス、ヨガやマインドフルネスといったものもよいだろうし、茶道や舞踊、ダンスといったことが合う人もいるだろう。

大事なのは、自分の体が感じている感覚に注意を向け、それをゆっくり味わいながら、体とやり取りすることである。スポーツ競技であれば、技術や成績の向上ということが目的になるが、強くなるために体を動かし、鍛えるというよりも、体を動かすこと自体を楽しみ、味わうことを目的とすることが、心身の安定にさまざまな効用をもたらす。

うつ病の患者を対象にした研究で、運動は、薬物療法と同等の効果があり、再発リスクの点では薬物療法に勝《まさ》っていたと報告されている。また、あらゆる生活習慣病の予防や改善に効果がある。

しかし、運動に取り組むとき、多くの人が犯す失敗は、頑張りすぎてしまうことだ。一時的には効果が出るが、長続きしないし、体を痛めてしまう危険性も高い。体の声に耳を傾けるどころか、これまで運動不足だった体を急に酷使するというのでは、逆効果になってしまう。結局、短期間でやらなくなるか、体を痛めてやれなくなるかのどちらかである。

鍛えることや、タイムを上げることや、ウエイトを下げることが目標になってしまうと、まずいのである。目標は、体と対話し、体を動かすことや体が味わう感覚を楽しむことに置いたほうがいい。

瞑想やマインドフルネス、ヨガといったものは、体を機械のように鍛えるのではなく、体の感覚を味わうことを重視している。それが、心身のバランスを整えるのに役立つゆえんである。

不安障害と診断された四十代女性の場合

四十代初めのN子さんは、子どものころから過敏で不安が強かった。

二十代から不安障害と診断され、パニック発作を繰り返し、その予期不安のため、どこにも出かけられないことが長らく続いていた。家にいても安心というわけではなく、いつまた発作がくるのかとおびえていた。

ところが、この一年ほどはすっかり落ち着いて、山に登ったり、海にクルージングに出かけたり、お出かけを楽しんでいる。表情も、以前は不安におびえていて暗かったが、最近は明るく、生き生きとしている。

改善には、カウンセリングを定期的に受けて、不安を一人で抱えなくなったことや、対処法を学んで、自分で対処できるようになったことも役立っているようだが、それ以外に、よくなった秘訣を尋ねてみると、毎朝、布団から出る前に瞑想をしているという。それをやると、悪い考えにとらわれそうになっても、そのまま流せるようになったのだという。

軽度なASD傾向のある大学生の場合

十九歳の大学生Rさんは、軽度なASD傾向があり、少し動いても立ちくらみやめまいに襲《おそ》われたり、息苦しくなったりするため、せっかく入った大学に通うことが難しくなっていた。前年までは、コロナ禍《か》でオンライン授業だったので、かえって都合がよかったが、対面授業が中心になり、対応しきれなくなったのだ。

このままでは出席日数が足りなくなり、留年するか、通信制にでも転学するしかないと思い悩んでいた。そこで、あとの章で紹介する対処法を教えて、やり方を練習するとともに、ちょうど長期休暇に入っていたので、学校がはじまるまでに自律神経を鍛えるための運動をするように指導した。

こうした状況に陥った人に共通することだが、Rさんも外に出ることを避ける生活で、体力もますます低下していた。体を動かさないと、筋力が衰えるだけではなく、自律神経の調節機能も低下してしまう。その結果、ますます疲れやすくなり、立ちくらみやめまいを感じたり、息が上がって動悸がしたり、息苦しくなったりしやすい。下痢しやすいとか緊張から頭痛になりやすいといったことも起きる。

自律神経を鍛え、整えるには、自律神経訓練法やリラクゼーション法のように、筋肉を緩め呼吸を整えるといった方法がよく知られていて、それなりに有効だが、筆者がむしろ活用するのは強度を変化させた運動負荷をかける方法だ。同じ負荷を一定にかけるウォーキングやジョギングとは異なり、歩いたり、軽く走ったりを繰り返す。

筆者は大昔に、中学の部活で陸上をやっていたが、当時、田舎の中学としては、陸上の強豪校だったこともあり、全国レベルの選手がいた。その人たちの練習を観察していると、ずっと走っているわけではなく、ぶらぶら歩いたり、体を揺さぶったり、軽く走ったりしている時間のほうが長く、たまに思い出したかのように全力でダッシュするのだった。なるほど、強くなるためには、ずっと走り続ければいいというものではないのだ、と大いに感心したものだ。そうした方法で鍛えた選手たちは、平常時の心拍数が少ないだけではなく、運動しても、すぐに元の心拍数に回復した。

その後知ったことだが、このトレーニング法は、「人間機関車」と呼ばれたエミール・ザトペックという長距離競技の名選手が開発したもので、**インターバルトレーニング**と呼ばれる。そのなかでも効果が高いとされる高強度インターバルトレーニングは、**強い筋トレや全力疾走と緩い運動を繰り返し行うトレーニング法**で、通常のトレーニング法よりも心肺機能を高める効果や脂肪燃焼効果が優れているとされる。また、**自律神経機能の指標であるＨＲＶ（心拍変動）を改善し、不安やうつの改善にも効果があることも、近年報告されている。**

実際に行うときは、陸上競技の練習ではないので、無理のないようにやることが大切だ。走る時間は短めで、その後、息を整えながら歩く時間を長めにとる。屋内でやるときは、筋トレや縄跳びなどで負荷をかける時間と、ゆっくり体を投げ出したり、軽くストレッチをしたりして、息を整える時間を交互に繰り返す。

負荷をかけることによって、交感神経を刺激して、心拍数や呼吸数を意図的に上げたあとで、運動を緩めることにより、副交感神経が働きやすくなる。じっとした状態で、いくらリラックスしようとしても、なかなか副交感神経の働きを強化することは難しいのだが、**運動して交感神経を働かせることで、休むときには、副交感神経がよく働くようになる**のだ。

Rさんの場合、この方法でトレーニングをしてもらったところ、立ちくらみや動悸、息苦しさを感じることがぐっと減り、後期からは、ほとんど休まずに登校することができたのである。

身近なことを大切にする

グレーゾーンの人も含めて、毎日が不快で苦しく、精神的に行き詰まりを感じていた人が、改善して元気になりはじめたとき、共通してみられることがある。それは、身近なことに取り組んだり、些細な日常に小さな喜びを感じたりするようになることだ。

うまくいっていないときは、大抵、自分がやりたいと思っていることや目指す理想と、現実の間に大きなギャップがあり、自分が理想とすることや本当にやりたいことができないのであれば、何をしても無駄な気がして、何事にも無気力、無関心になっている。

家事のような身近なことは、親やパートナーに任せっきりになっていることも多い。体調が悪かったり、気もちが落ち込んだりして、確かにやむを得ない面もあるし、ある意味、そうして守られていることで、傷を癒やしたり、エネルギーを蓄えたりしているとも言えるのだが、その段階が必要以上に長引くと、かえって回復を妨《さまた》げてしまう。

回復は、まずは、自分の関心のあることや、やりたいことをやることからはじまるのだが、さらに回復が進むと、それまで関心が薄かった身近なことに取り組むようになる。逆に、まだ万全の状態でなくても、身近なことに少しずつ取り組むことで、回復が促進される。部屋を整えたり、家族のために家事をしたり、草むしりのような作業的なことに取り組んだりすることは、地道だが、とても有効なのである。

つらい出来事が起きたときも、身近なことをすることは、支えや助けになる。日常の家事や仕事に、変わりなく取り組むことは、気もちを紛《まぎ》らわせるとともに、すべてが変わったわけでも失われたわけでもないと思えることで、安定を取り戻す足場を与えてくれるのだ。いかなるときも、日々のルーティンや決まった習慣は、その人の生活だけではなく気もちを守る土台となる。

八十年にわたる長期研究の結果、長寿ともっとも関係する性格因子は、勤勉性と呼ばれる傾向であった。性格の代表的な理論モデルの一つ、五因子モデルでは、性格特性を、外向性、協調性、勤勉性、神経症傾向、開放性の五つの因子により説明する。勤勉性は、誠実性とも呼ばれ、真面目で、責任感が強く、慎重で、節制し、規則やルールを守る律儀な傾向である。勤勉性が高い人では、楽しみよりもやるべきことを優先し、何事も節度を心得、決まった習慣や伝統を大事にして、規則正しい生活を送ることを好む。

ASD傾向のあるグレーゾーンの人は、同一の行動パターンやルーティンを好む傾向があるが、これは勤勉性に結びつく特性でもある。やりすぎや頑張りすぎには注意して、食べものや行動が偏りすぎないように心がければ、健康と長寿につながると言えるだろう。

生活のコントロールが、生きづらさをやわらげる

生きづらさを感じている人は、自分の生活をうまくコントロールできていないと感じている人が多い。部屋も片づけられず、衣類や食べたものが、ゴミと一緒に散乱している部屋で生活していたり、収支の管理ができず、借金や金銭問題で頭を悩ませていたりする。時間の管理や友人との約束、支払いの期限や免許の更新といったことも、つねにあやふやで毎日が綱渡りのような生活をしている。

そうした**代表が、「大人のADHD」と呼ばれる人たちで、その多くは、ADHDというよりも擬似ADHD**である。ADHDの診断に該当しなくても、自分の生活がうまくコントロールできずに困っている人は多い。生活がコントロールできないこと自体が、大きなストレスになり、精神状態を悪化させていることも少なくない。

この状況を改善するために必要なのは、まずは生活のコントロールを高めることに取り組むことである。**自分の生活をコントロールできているという感覚をもつだけで、気もちが前向きになり、自信を取り戻すことにつながる。**

生活をうまくコントロールするためには、自分の脳の特性を知って、うまく動かし

ていく必要がある。特性のある脳を、その気にさせて動かすには、それなりの工夫が必要なのである。

何をするのも面倒くさい

何をするのも面倒くさくて、困っているという人は多いのではないだろうか。発達に課題をもつグレーゾーンの人にも、そうした悩みを抱えている人は多い。かくいうわたし自身、相当な面倒くさがり屋で、そのためにことに若いころはトラブルや失敗も多かった。何でも一日延ばしにしているうちに、しなければならないことを忘れてしまい、期限を何日も過ぎてから催促を受け、慌ててやりはじめるということも始終だった。

面倒くさがり屋の特性にもいろいろあるが、神経学的な特性としては、低登録が高い傾向が関係している。第1章でも触れたが、低登録とは、神経の反応閾値《いきち》が高いため、反応が起きにくい状態を言う。低登録が高い人は、目の前にあるものに気がつかなかったり、やらなければいけないとわかっていても、なかなか取りかかれなかったりする。

朝が起きられないとか、一つのことをやり出すと次のことに切り替えられず、いつまでも同じことをやってしまうということにもかかわっている。ぼんやりしていて、呼びかけられてもすぐに気がつかなかったりする。呑気だとか、ずぼらだと言われたりして、怠《なま》けているように見られてしまうが、本人からすると、そうしたくてそうしているわけではなく、きちんとするつもりでいても、できないのだ。

だが、特性だからと諦めてしまうわけにはいかない。課題になかなか取りかかれず、期限に間に合わなくて、窮地《きゅうち》に陥ったり、大事な約束を忘れて、信用を失ってしまったりと重大事になりかねないのである。

低登録な傾向をもつ面倒くさがり屋の人が、行動を起こしやすくするためには、どうすればよいのだろうか。

怠け者の脳には明確な指示が必要

低登録で面倒くさがり屋の人でなくても、人間の脳は、そのスペックや性能からしても、目先のことしか考えられないところがある。ワーキングメモリの大きさからしても、人間が一度に考えられることには、あまりにも限りがあり、少し複雑な処理をしようとすると、脳には、すぐにキャパ以上の負荷がかかってしまう。

たとえば、暗算で二桁のかけ算、たとえば、27×43をやってみていただければ、すらすら答えが出せる人よりも、なかなか苦労する人のほうが多いだろうし、ちょっとイライラする人もいるだろう。

暗算の練習を進んでする人は、滅多にいない。なぜなら、かなりの努力と忍耐が必要だし、面倒だからだ。つまり、人は特別な努力や忍耐が必要なことは、面倒だと感じて、やりたがらない。一時は頑張って取り組んだとしても、自然にやらなくなってしまう。

面倒なことをつい避けてしまおうとする脳に、きちんと仕事をさせるにはどうしたらよいだろうか。

仕事をやりたくない人と、怠け者の脳は似たところがあり、言われないとやらないだけでなく、やれない理由が少しでもあれば、やらないで済まそうとするところがある。

やらないで済ませる理由というのも、まるで宿題をしたくない子どもの言い訳のように、こじつけめいた理由がよく使われる。たとえば、やらないといけない課題があったとしても、それをいついつやりなさいと言われていないと、それをいいことに、いつまでも先延ばしにしようとする。だって、いつからはじめていいか言ってくれないんだもの、というわけである。

怠け者の脳を働かせるには、逃げ場がないように、明確な指示を出しておくことが大事だ。何日何曜日の何時から、何に取りかかるということを決めておくことが重要になる。あらかじめ明確に開始日時を指定するだけで、脳はそれに備えるようになる。

グレーゾーンの人では、予定外のことがそもそも苦手ということも多い。当日の朝に予定を決めるのでは遅すぎる。とくに少し負担のかかる課題の場合であれば、数日前には、いついつから取りかかるということを決めておき、予定を組んでおく必要がある。

こんなことでと思われるかもしれないが、実際にやってみるとわかるように、**着手する日時を決めることで、課題は、ぐんと取りかかりやすくなる。**

ありがちなのは、課題の締め切りの日は書き留めて注意を払っているものの、着手する日については、何も決めていないという状況だ。怠け者の脳は、締め切り日しか頭に入っていないと、締め切り日になるまでは放っておけばいいと思っている。

いざ締め切り日になって、課題に取りかかろうとすると、分量が膨大で、あるいは中身が思ったより難しくて、とうていその日中には終わりそうにないことがわかる。すると、怠け者の脳は、どうせ終わらないから、今回は諦めたほうがよいという言い訳を振り回し、結局、何もしないままに終わってしまう。

着手日を決めるという手間をかけていれば、その時点で、この分量と内容だとどれくらいの日数が必要かを計算することになるので、それだけでも重要な準備をすることになる。着手日に取りかかれば、何とか終えられるという見通しをもつことで、精神衛生上もストレスを減らせる。

誘惑に弱い脳とのつき合い方――油断もスキも与えない

衝動性のコントロールが弱いタイプの人では、つい予定外の買いものや浪費をしてしまうとか、食べ出すと止まらないとか、何かに夢中になるとほかのことはどうでもよくなってしまうということが頻繁《ひんぱん》に起きやすい。いつもあとで後悔するのだが、また同じようなことを繰り返してしまう。

買いもの依存の傾向のある女性の場合

S子さんの場合、買いもののことで悩んでいた。最初はただ見るだけのつもりが、見ているうちにほしくなり、いま買わないとなくなってしまうと思って、結局買ってしまう。給料日前になると、いつもかつかつで、それもイライラの原因になる。

ADHDの傾向をもつが、育った養育環境の問題も大きく、暴力を受けることも日常茶飯事だった。その影響か人の顔色ばかり見てしまい、気疲れしてしまうところもある。二度結婚したが二度ともうまくいかず、子どもを抱えて、生活は苦しい。仕事も最初は気に入られるが、次第に嫌気がさして辞めることを繰り返している。

一度カードで自己破産したこともあり、カードは使えないのだが、それでも、買いものがやめられない。事情を聴くと、浪費が起きるのは、支払いなどのために、まとまったお金を財布に入れていたときだった。結局、一番有効だった対策は、財布に二千円しか入れておかないようにすることだった。

買いものであれギャンブルであれ、依存している人の脳は、少しでもスキがあると、依存行為に突っ走ってしまう。最善の予防策は、最初の段階で、スキやきっかけを与えないことなのだ。スマートフォンやゲームに依存してしまうというケースでも、本人が改善したいという意思をもっている場合には、自室（勉強部屋や寝室）以外でスマートフォンを管理することが、しばしば有効である。

最初にやることで勝負が決まる

衝動的だったり気まぐれだったり、途中で切り替えるのが苦手なタイプの人では、たまたま目に入った、どうでもいいことに手を出してしまい、そのまま半日、一日が無駄になってしまうということが少なくない。低登録が高い人では、スタートが悪いだけではなく、スイッチの切り替わりも悪いので、ウォームアップのつもりではじめたことから抜け出せなくなってしまうということも起きやすい。

ウォームアップのためのルーティンには、熱中してしまうようなものは含めないようにしておくとともに、その日、最初に何から取りかかるかをあらかじめ決めて行動する必要がある。

途中でやる課題を変える必要がある場合は、何時までとあらかじめ決めておき、タイマーやスマートウォッチなどをセットしてから取りかかると、時間が有効に使われやすい。毎回タイマーを使わなくても、次のご飯やトイレ休憩までとか、散歩に出かけるまでとか、行動で区切ると、切り替えやすい。

グレーゾーンの人は、いったんスイッチが入ると、やり続けようとする性質がある人が多く、切り替えが難しいのだが、食事とか運動といった自律神経のスイッチの切り替えをともなう日課を挟むことで、切り替えが容易になる。

食事をすると、1~2時間は副交感神経優位になるので、その間は、無理をして課題や仕事に取り組むよりも、リラックスや休憩に使ったほうが、休むときに休んで集中するときに集中するというメリハリのあるサイクルができやすい。

時間の使い方に熟達していない人ほど、体のリズムやサイクルを考慮せず、一番集中しにくい状態のときに、思考力を使う課題に取り組もうとして、頭が働かないと嘆いている。どんな人も、一日中頭が働くわけではないのだ。自分の最適のリズムを知って、それとうまくつき合い、そのリズムにうまく乗ることが大事だ。

昼食は炭水化物を減らして軽くとる

午後というのは、どうしても生理的な眠気がやってきやすい。そのため、午前中から働いている人では、その疲れとあいまって、能率が落ちてしまいやすい。

のんびりできる状況なら、午後はゆっくりめのペースで働けばいい。だが、午後には重要な会議や交渉が設定されているということも多いし、入試や模試も午後まである。午後は、のんびりなどと言っていられない人もいるだろう。

午後のパフォーマンスを低下させないためのコツは、昼食を軽めにとることだ。そのためにも、朝食はしっかりとっておく。昼食はとくに炭水化物を減らす。炭水化物を、おにぎり1個程度にして、野菜や副菜で補う。おにぎり1個程度の炭水化物にしておけば、眠気も起きにくい。

コーヒーも眠気対策にしばしば使われるが、実際にコーヒーが脳の神経細胞の興奮性を高めるのは、飲用後だいぶ経ってからで、十時間以上経ってから一番効いてきたりする。カフェインは、神経細胞の内部にある小胞体からのカルシウムの放出を増やすことで、神経細胞の興奮性を高めるのだが、そこまでたどり着いて効果を発揮するのには、それなりの時間がかかるうえに、いったん効きはじめると、効果が長引いてしまうのだ。

そのため、コーヒーは眠気覚ましにはそれほど役立たず、むしろ夜の眠りが浅くなってしまうほうに効いてしまう。

わたしの場合、大学の一次試験（現在の大学入学共通テスト）の前日に、友人が陣中見舞いに来て、喫茶店でコーヒーを飲んだことがあった。午後三時ごろだったと思うが、その夜、どうしても眠ることができず、一睡もできないまま試験を受ける羽目になった。だが、そういう場合も、焦ることはない。わたし自身、妙に頭がさえて、過去問を解いたときより、できがよかったくらいだった。眠れなくても、横になって目を閉じていれば、一晩くらいならそこまで大きな影響はない。

昼食でもう一つ気をつけておく点として、試験などの日には、とくにたっぷり食べるのは避けたほうがよいということだ。午前中にだけある試験なら、そこまで気を遣わなくてよいのだが、午後にわたる試験の場合、たっぷり食べすぎると、集中力や思考力にどうしても影響してしまう。

またわたし自身の経験で恐縮だが、京都大学医学部の二次試験でのこと。最終日の最後に数学が午後から予定されていた。そこまで、英語と理科は、それなりに手応えがあったので、数学で出題される六問のうち四問答えられたら、なんとか合格できそうだった。大学の近くの食堂で、奮発してビーフカレーを注文したが、それがとても美味で量もたっぷりだった。腹が減っては戦はできぬとばかり、ご飯粒一つ残さないくらいきれいに平らげた。集合時間が近づいてきたので、慌てて店を出て、受験会場の講義室のほうに向かいながら、何となくけだるいような、体と頭のバランスが、午前中までと変わっているような気がした。

いざ数学の問題用紙と解答用紙が配られて、問題を解きはじめたのだが、一番解けそうな問題に思えた一問目がどうしても解けない。一時間経過しても、わたしはまだ一問も解けないままで、さすがに時計を見て、焦り出した。頭が真っ白になって冷や汗が流れた。すべての努力も無駄になるのかという思いに押しつぶされそうになりながら、それでも冷静さを保てたのは、試験時間が二時間半と長かったことと、とにかく一問だけは解こうと、一つ深呼吸してから、目の前のことに集中しようとしたことによるだろうか。

新たな気もちで、もう一度最初の一問の解答を見返したとき、わたしは自分の計算ミスに気づいた。胃や十二指腸に滞留していたカレーライスの消化が、ようやく一山越したのかもしれない。そこから突破口が開けて、一問解くことができた。だが、まだ一問だけだ。もう試験時間の半分近くが過ぎ去っていた。それでも、一問解けて気もちが少し落ち着いたせいか、あるいは、消化に取られていた血液が脳に回り出したせいか、頭がだんだん働き出した。最終的に五問解いたところで、時間が来た。以来、試験前にはたっぷり食べることは控えることにしている。

逆に空腹になり、低血糖になることもパフォーマンスに影響する。昼前や夕方に試験や会議など大事な用件が入っているときは、水分とともに糖分を少量摂取することは、効果的である。おすすめは、チョコレートを一個か二個食べることだ。

日々の生活のなかで実行機能を鍛える

要領よく仕事をするにしろ、効率的に学習をするにしろ、あるいは、日常生活を円滑に営むためにも、安定した計画的な人生を過ごすためにも、カギを握るとされるのが実行機能と呼ばれる能力だ。実行機能の中枢は、脳のコックピットとでも呼ぶべき前頭前野《ぜんとうぜんや》にあり、ある目的のために、どういう段取りで処理を進めていくかを考えながら、てきぱきと指示を出し、一つ一つの課題をこなしていく。飛行機のパイロットや、オーケストラの指揮者のような役割を担っている。

パイロットが居眠りしたり、指揮者が楽譜を無視してタクトを振れば、全体が混乱し、事故や失敗につながってしまうのと同じように、前頭前野の働きが未熟だったり、何らかの原因で働きが落ちていたりすると、効率が低下し、ミスが増えるだけでなく、無計画で、場当たり的な行動に走ってしまいやすい。

実行機能がうまく機能しない状態の一つが、ＡＤＨＤと呼ばれる病態で、個々の課題に不注意なミスが起きやすいだけでなく、そもそも計画的に物事を進めることに困難があり、思いつきのままに衝動的に行動してしまう。躁《そう》状態でも似たことが起きるが、うつ状態でも、実行機能がうまく働かなくなり、簡単な作業や日常の家事にも長い時間がかかったり、できなくなったりする。

近年注目されているのは、虐待を受けたり、不安定な養育環境で育ったりした場合にも、成人になってから実行機能の低下がみられやすいということだ。**診断されるほどではないグレーゾーンの状態でも、実行機能に低下や軽度な支障が起きていることは、非常に多い。**

実行機能に低下があれば、それを改善することは、仕事であれ、勉強であれ、ふだんの生活であれ、さらには人生全体がうまくいくかどうかであれ、それらを左右する要因としてとても重要なのであるが、平均的な実行機能をもつ場合でも、さらにそれを高め、良好な状態に維持することは、劣らず重要だと言える。

というのも、**子ども時代に優れた実行機能を発揮していたはずの人でも、その後の生活状況や精神状態によって、実行機能の低下を引き起こしてしまうことも多い**からである。実行機能を高め、維持するためには、日々の生活が重要であり、それを怠《おこた》っていると、たちまち低下してしまう。慢性的な疲労や睡眠不足、うつや過量飲酒、薬物への依存、嗜癖《しへき》的な行動といったものは、実行機能を損なう代表的な要因である。

ワーキングメモリを「更新」する

実行機能には、さまざまな要素が含まれていると考えられてきた。プランニング、注意、逐次《ちくじ》処理、同時処理といったカテゴリーが使われることもあるが、**最新研究では、さらにベースにある重要な機能として、①スイッチング（切り替え）、②抑制制御、③ワーキングメモリの更新、という三つが浮上している。**

① スイッチング（切り替え）

スイッチングとは、ある課題から別の課題に、処理の対象を切り替えることでもあるが、ある精神状態から別の精神状態に切り替えることも含む。**あることが頭を離れず、引きずってしまうという状態は、このスイッチングがうまく機能していないこと**になる。

② 抑制制御（IC：インヒビタリー・コントロール）

抑制制御とは、優先すべきこと以外にブレーキをかけることである。**抑制制御がうまく働かないと、どうでもいいことにばかり時間を費やし、肝心なことに効率的に取り組むことができない。**優先順位が大事だと、知識としてわかっていても、実際、朝起きてみると、たまたま目に入ったほかのことをやりはじめてしまう。気がついたら、一日が終わっていたりする。迷い道にばかり入りやすく、無駄なことにばかり時間を使ってしまうという場合、この抑制制御が弱い可能性がある。

③ ワーキングメモリの更新

ワーキングメモリの更新とは、ワーキングメモリにある情報を、新しい情報にアップデートする機能のことである。そこには、ワーキングメモリの特殊な機能が関係している。

ワーキングメモリは、メモ的な記憶であり、同じことをそのまま記憶し続ける短期記憶や長期記憶とは違って、絶えず中身を入れ替えている。いま、処理に必要な情報だけを頭にとどめ、役割が終わったら、次の処理に必要な情報に場所を譲らせる。

というのも、ワーキングメモリの容量はとても小さく、普通の人は五個程度のことしか一度に頭にとどめておけないし、どんなに優秀な人でも、その数が十を超えることはない。もっと多くのことを考慮するためには、短期記憶や長期記憶、あるいは視覚的な記憶を動員することが必要で、ワーキングメモリで行う処理のように瞬時にとはいかない。

そもそも容量の小さなワーキングメモリが、もういらなくなった情報に居座られて占拠されてしまうと、肝心な処理ができなくなってしまう。処理速度が非常にゆっくりになったり、簡単な処理を間違ってしまったりする。単に数字を記憶するといった操作では、ワーキングメモリを更新する能力は適切に測れない。

そこでたとえば、1＋2＝3からはじめて、つぎに、2＋3＝5、3＋5＝8、5＋8＝13、8＋13＝21という具合に、暗算を繰り返し、答えが百を超えるところまで、できるだけ早く続けるといった課題は、ワーキングメモリの更新トレーニングになる。ただし、いつも1＋2からはじめたのでは、答えを覚えてしまい、ワーキングメモリの訓練にならなくなるので、1＋3のように、最初に加える数を、一つずつ増やしていくといい。同じ答えはないので、ワーキングメモリを使うしかない。

また、英語のリスニング訓練でしばしば用いられるシャドーイング（音声を聞いた後、即座に復唱する訓練法）がスムーズにできるためには、ワーキングメモリが滞《とどこお》りなく更新されていく必要がある。シャドーイングはワーキングメモリ更新の絶好の訓練だと言える。英語が難しければ、日本語でもよい。誰かに本を読んでもらい、すぐ後に続いて、シャドウする（声に出す）。そのあとで、内容の要旨を説明するようにすると、さらに有効なトレーニングになる。

どちらの訓練も、最初は時間がかかったり、つかえたりして、苦労するかもしれない。しかし、この苦労が、脳の回路を活性化するためには必要なのだ。繰り返しているうちに、だんだんスムーズにできるようになる。

最初はゆっくりでいい。不正確に行うよりは、ゆっくりでも正確に行ったほうがよい。最初はゆっくり丁寧というのは、脳に新しい回路をつくらせるうえでの基本である。そこから徐々にスピードをアップしていく。

こうしたワーキングメモリの更新課題に取り組むことは、単にワーキングメモリを鍛えるだけでなく、実行機能を高めるのにも役立つのである。

実行機能やワーキングメモリ、注意力の改善には、日々の取り組みが大事だが、専門的なトレーニングや薬物療法という選択肢もある。前者では、ニューロフィードバック・トレーニング[*1]や認知行動療法[*2]、認知トレーニング[*3]などが有効である。後者では、非中枢刺激剤による薬物療法[*4]が安全性の面でおすすめだが、過度な期待は禁物である。

第3章

感じのいい人になる

人生を左右するカギ

冒頭で述べた二人の男性のケースを覚えておられるだろうか。知能指数においても、その数値の偏り方が示す特性においても、あるいは、そのほかの特性においても、非常に共通する二人の男性だが、一人は一線の医師として活躍されているのに対して、もう一人は、もう十年以上、就職することもなく家に引きこもっている。

その違いは、検査結果からだけでは説明が難しいが、実際に二人に会うと、その印象の違いは歴然としている。それは、**ひと言でいえば、愛想がよいか悪いか**ということだ。

どちらも、同じようにＡＳＤの傾向をもち、頭はいいが不器用で、こだわりが強く、過敏で、緊張や不安が強く、行動が遅かったり、要領が悪かったりするのだが、前者は愛想よくふるまうことができるのに対して、後者の人は、それが難しい。自分から笑いかけたり、相手に気に入られるようにふるまったりすることができないのである。

後者は、社会的コミュニケーションの障害がより深刻なレベルだと理解できるのだが、発達検査の結果をいくらみても、その質的な違いはまったくわからない。こうした場合もあるのだ。それゆえ、発達検査だけでは正確な判定や診断ができない。

愛想よくふるまえるかどうかは、先天的な特性もあるが、環境的な要因も無視できない。たとえば、かつてのソ連（ソビエト社会主義共和国連邦）のような社会主義国では、デパートやレストランの店員が無愛想なことは、よく知られた事実だった。その必要も報酬もなければ、誰でも無愛想になるのだ。愛想よくふるまうということは、もって生まれた能力や特性にもよるが、それが評価されるかどうかや、習慣によるところも大きいのである。

誰でもその気になれば、ある程度愛想よくふるまうことができるだろう。しかし、日ごろからそうしたことに価値を置かず、その必要も認めていなかったら、その能力は使われず、たまに使おうとしてもあまりうまくはいかず、自分では愛想よくしたつもりでも、あまり魅力的なものにはならないだろう。相手の心を溶かすような愛想のよさを身につけるには、それなりの努力と訓練が必要だ。

相手の心をとらえる愛想のよさとは?

なんて感じがいいんだろうとか、すごくいい人だなと感じるとき、人の心をとらえているのは、どういう点なのだろうか。大きく二つの要素が関係しているようだ。一つは、笑顔とか表情といった非言語的表現がほどよくなされていることだ。この点は、多くの人が認識していることと思う。

じつは、**もう一つとても重要な点がある。それは、応答性だ。**相手が何か言えば、すぐにそれに応じて反応する。相手が笑えば一緒に笑顔になり、相手がつらそうにすれば、同じようにつらそうな表情を浮かべる。相手がおはようと言えば、すぐさま気もちよくおはようと答える。相手がメールを送れば、すぐに返事が返ってくる。

そんなことかと思われるかもしれないが、これがとても重要なのだ。**グレーゾーンの人は概して、反応が悪い。挨拶されても、気がつかなかったり、気がついて返しても、口のなかで何か言うだけで、相手は無視されたと思ってしまうこともある。**こんな些細なことから、仕返しに無視されたり、イジメを受けたりするきっかけになることもある。本人は自分が相手にどういう印象を与えたかをまったく自覚していないうちに、不幸な誤解が起きてしまうのだ。

それに対して、感じがいいという印象を与える人は、相手から言葉をかけられると、相手をしっかりと見て、もぞもぞとではなく、歯切れよく答えている。身振りや手ぶりも豊かだ。相手を大切にしているという姿勢が、しっかり伝わる。

女性や子どもに人気のない人の共通点は、表情が乏しく、反応も乏しいことである。そういう人は、得体が知れない、不気味な印象を与えてしまう。

グレーゾーンの人は無愛想になりがち

愛想よくふるまえるかどうか、ふるまえたとしても、それを実践するかしないか。これは、くだらないことに思えるかもしれないが、じつは、人生を知らず知らず成功に引き上げもすれば、挫折と孤立に貶《おとし》めもするファクターなのである。

もちろん、愛想が悪くても人から認められ、成功している人はいる。だが、見渡したところ、実力以上に成功している人に共通することとして、愛想がいいということが一つ挙げられるように思う。

愛想のいい人に対しては、会うことが心地よく感じられるが、愛想の悪い人と会うのは、どこか苦痛で不快に感じられる。小さな差ではあるが、それが日々積み重ねられると、人の評価や引き立てを受けられるかどうかを、百八十度左右しかねないのである。

グレーゾーンの人は、不安型愛着スタイルの人を除いて、概して無愛想である。特性として表情が乏しかったり、反応が乏しかったりということもあれば、緊張が強く、人の目を見るのが苦手だったり、あるいは過去のイジメや虐待のトラウマにより、人に対して警戒心が働き、表情がこわばって、愛想どころではないという場合もある。

一方、不安型愛着スタイルの人では、親の顔色をみて育った人が多く、親の機嫌を取ったり、まわりの大人に気に入られるようにふるまうことが、自然に身についているので、サービス精神旺盛で、愛想もいい人が多い。不安型愛着スタイルの人は、この点が強みでもある。

しかし、愛想のよさといったものは、少し努力すれば、ある程度身につけることができるスキルだ。それによって、庇護《ひご》を受けることや評価されるチャンスが増え、能力を発揮する機会が得られやすくなり、実力以上の人生が歩めるのであれば、何とも努力しがいのあることではないか。

とても愛想がよかったアドラー

岸見一郎氏の『嫌われる勇気』で紹介され、一般にも知られるようになったアドラー心理学では、承認欲求を否定し、他者の期待になど応える必要はないと述べられている。だが、この言葉を真《ま》に受けて、それを実践した人がいるとしたら、ずいぶんとひどい目に遭ったに違いない。

brandstaetter/ アフロ

承認欲求をあまりもたない人とは、言い方を変えれば無愛想で、傍若《ぼうじゃく》無人《ぶじん》に自分のしたいことだけをする人だ。そういう生き方で成功できる人がいるとしたら、スティーブ・ジョブズのような特別な能力と、自分を神だと勘違いするような万能感をもっている人ではないか。普通の能力と並の自信しかもたない人間が、ジョブズの真似をしたら、とんでもないことになる。ジョブズでさえ、一時は自分のつくったアップルから追い出されたのだから。

ジョブズも後年は、ずいぶんと愛想がよくなり、好感をもたれるようなパフォーマンスにも力を入れたおかげで、すっかり人気者になった。

アドラー自身はどうだったか。彼の分厚い評伝によると、アドラーはとても愛想のいい、感じのいい人物だったと、多くの人が認めている。彼は、親をてこずらせているような子どもでも、おもちゃの馬でたちまち手なずけてしまうような、サービス精神の持ち主だった。アドラーの成功は、その人間的魅力や愛他精神と不可分だった。アドラーが行った公開診療や公開講義に参加した親や教師たちといった非専門家の集団が、彼の取り組みを熱烈に支持し、ウィーンで広まった教育改革が、国際的な注目を浴びるようになったのである。

彼はフロイトと違って、アカデミックには認められず、学者としては成功できなかったが、優れた臨床家であり実践家だった。その後、アドラーがアメリカで念願だった教授の職に就けたのも、アドラーを気に入った資産家が、資金を提供して、医学部に新設した教授のポストに彼を就かせるという後押しがあったからだった。

臨床家として成功し、また、しばしばアメリカのマスコミに登場して人気を博すことができたのも、彼の愛想のよさやサービス精神、つまり承認欲求があればこそであった。その人一倍強い承認欲求は、幼い日にくる病を患《わずら》い、彼の言う「劣等コンプレックス」を補おうとして生まれたものに違いなかった。

そのとても魅力的で、温厚で、献身的な人物が豹変《ひょうへん》し、別人のように怖い表情をすることがあった。それは、自分と袂《たもと》を分かった人たちについて語るときだったという。彼は冷静さを失い、激昂《げっこう》し、言葉を荒らげた。承認欲求をもたず、他者の期待や思惑から自由であれば、元同僚の離反を長くトラウマとして引きずることはなかっただろう。

その人が何を語ったかよりも、その人がどう行動したかに、しばしば真実はさらけ出される。嫌われる勇気も、相手次第では必要だが、多くの場合には、愛想よくふるまったほうが生きやすく、成功のチャンスが増えるのではないかと思う。

もっともアドラー心理学については、わたしは賛同するところも多い。幼年期の環境や親のかかわりの重要性に着目した点は、非常に先見的で、その功績は不朽《ふきゅう》である。

好感をもたれる最大の要因とは？

人に好感をもつという場合、外見的な要素もそれなりに重要であるが、ルックス的には、それほど優れているというほどでもないのに、魅力的なパートナーを手に入れている人がいる。どこで好感をもたれ、それが好意や愛情にまで発展したのか。

仕事柄、多くの女性と話す機会があるが、パートナーの話が出ると、その馴れ初《そ》めや、**最初にどういうところに惹かれたのかについて聞くことも多い。答えのなかで、一番多いのは、よく話を聞いてくれたからというもの**である。どうやら女性は、話を聞いてくれる人に好感をもちやすいらしい。

ところが、男のほうは、いっぱいしゃべらないと、相手に強い印象を与えられないように思っていることも多い。自分の自慢話をしたり、一般にはわかりにくい専門知識を並べたり。しかし、相手の女性はあくびを噛み殺しながら、話につき合ってくれているだけかもしれない。

グレーゾーンの人は、しゃべるのが苦手か、一方的にしゃべりすぎるかのどちらかになりがちだ。しゃべるのが苦手な方も悲観する必要はない。心を込めて相手の話を聞き、「そうなんだ」と、熱心に相づちを打っているほうが、自分のマニアックな趣味の話をするよりも、好感度が上がることは間違いない。

話下手なタイプのグレーゾーンの人が、会話をうまく楽しめないとしたら、その人の話が面白くないためというよりも、自分で知らず知らず、相手が話しにくい雰囲気をつくってしまっていることも一因になっているだろう。

話しやすい雰囲気をつくるためには、相手を見ながら、軽く笑みを浮かべることが、最初の基本だ。そして、中立的な挨拶言葉を投げかける。「最近、お忙しいですか？」とか「こちらははじめてですか？」とか、「今日は楽しんでいますか？」といった、たわいもない言葉で十分だ。できれば、最初にこちらから口火を切ったほうがいい。なぜなら、話しかけるほうが、話しかけられて答えるよりも、ずっと簡単で、ボロが出にくく、しかも相手に好印象を残しやすいからだ。

質問はこちらで決めることができるので、臨機応変が苦手な人でも、最初のひと言は、台本通りに行うことができる。相手からどういう返事が返ってこようと、「そうなんですか」とか「それはそれは」といった何にでも使える、話を合わせる言葉を発していれば、話を盛り上げることができる。

一つのポイントは、声の出し方だ。魅力的なしゃべり方の人は、話す言葉に心地よい抑揚がある。まるで歌うように、詩句やセリフを囁《ささや》くように、言葉を転がすようにしゃべる。耳に心地よいしゃべり方ができるためには、ふだんから心がけてトレーニングする必要がある。力を抜き、笑みを浮かべながら、軽やかな抑揚をつけて、やや小さめの声でしゃべるようにする。小さめの声にするのは、そのほうが、余分な力が抜けやすいのと、声の微妙なコントロールが意識されやすいからだ。大きすぎる声を出していると、微妙な声の陰影をつけるテクニックが養われない。口の前のほうでしゃべるという意識をもつことも、声の調整力を高めるのに役立つ。

発達に課題がある人では、声の出し方といったことに、そもそもあまり意識が向かっていないことも多い。言葉は、しゃべればいいものというレベルで、しゃべり方によって相手への印象や伝わり方がどう変わるかといった認識が乏しいのである。

女性がもっとも嫌うのは

逆に女性がもっとも嫌うのは不潔なことだ。子どもを産み育てるという生物学的な役割ゆえか、女性は男性よりも不潔さを嫌悪する傾向が強い。不潔な男性を女性が嫌うことは、医学的にも理にかなっている。子宮頸《けい》がんの原因になるパピローマウイルスは、男性器の垢《あか》のなかで増えるため、お風呂にあまり入らないような不潔な相手とセックスすると、感染する危険性が高まってしまうのだ。

手や爪も清潔にしているような人でないと、触れられることに抵抗があるのは、至極当然のことだ。垢じみた服装やフケがついた髪の毛は、間接的に、男性器の不潔さと無関係とは言えないので、清潔感のない人と親密になることに、本能的にブレーキがかかったとしても不思議はない。

グレーゾーンの、ことに男性に、しばしばみられる困難は、身だしなみが整わず、また清潔感という点でしばしば難点を抱えやすいということである。

実行機能が低く、不器用さや鈍感さをともなっているため、ズボンの後ろからだらしなくシャツがはみ出していたり、靴の後ろを踏んで履いたり、髪の毛が乱れていたりということが起きやすい。子どものころには、鼻水が垂れていることに気がつかなかったり、靴下や下着を裏返しで身につけていたりということも日常茶飯事だ。清潔に体を保つということも苦手で、襟が茶色く汚れていたり、体がにおっていたり、歯がよく磨けておらず、歯垢《しこう》がたまっていたりする。

本人には慣れっこのことなので、何とも思っていないのだが、周囲は顔や鼻を背《そむ》けるということも起きてしまう。不潔だとか臭いだとか、だらしないといった評価は、その人が他の面で優れていても、それを帳消しにしてしまいかねない。そうした評判に、本人だけが気づいていないということもあるし、そうしたことで、イジメや嫌がらせを受け、心に傷を負ってしまうという場合もある。

大人になっても、身だしなみや清潔さ、外見といったものの重要性に対する認識が乏しく、あまり関心もないという場合もある。

容姿も悪くなく、頭脳も優れているのに、一向にいい出会いや色恋の機会もないという場合、身だしなみやファッションに対する無関心や悪臭が、知らないうちに異性を遠ざけてしまっているということも少なくない。多くの人は、そうしたものに重きを置いて、相手を判断しているということを認識する必要がある。

ぼろ着のアンディ・ウォーホル

Everett Collection/アフロ

とはいえ、何事にも例外はある。身だしなみに対する無頓《むとん》着《ちゃく》さや浮世離れた風采が、その人の魅力的個性になるという場合だ。若いころのスティーブ・ジョブズは、悪臭を漂わせながら、裸足で面接に現れたというし、ポップアートを代表する芸術家アンディ・ウォーホルは、『ヴォーグ』といったファッション誌のお洒落なオフィスに「破れたチノパンに、うす汚れたスニーカーを履き」やってくるので

「ぼろ着のアンディ」と呼ばれていたが、それは彼の魅力をいっそう高めた。

ウォーホルは、恥ずかしがり屋のうえに、口下手で、しかも発音が不明瞭だったので、まともにスーツ姿だったりすれば、常識的なコミュニケーション能力の欠如がかえって目立ってしまっただろう。ウォーホルの自己演出は、ある意味、通常の対人関係とは違う次元にいることを示すことで、相手との対話を不要にしたともいえる。

個性的な演出で度肝を抜くかどうかはともかく、まずは、清潔でこぎれいな身なりを心がけ、着るもののセンスにも意を払うことは重要だろう。清潔さは、女性がセックスをしていい相手を選ぶうえで、最低限の条件になる。不潔とみなされただけで失格とされ、選考の対象にさえならない。

完璧な身なりだったマクドナルド創業者レイ・クロック

ED / RA/Camera Press/アフロ

ことはセックスだけでない。ビジネスの世界でも同じことだ。マクドナルドを創業したレイ・クロックは、もともとトップセールスマンだったが、彼は名言を残している。「最初に売るのは自分自身だ。それに成功できれば、ペーパーカップ（当時、彼はペーパーカップの営業をしていた）を売るのは楽だ」と。彼は誰もが憧れるような、さわやかで、清潔で、完璧に整った身なりをキープしていた。

身だしなみは、自己管理能力や社会性のいい指標であり、身だしなみが整っていないだけで、その人物の生活が混乱と破綻の危険にあることを相手に教えているようなものだ。着るもののセンスは、その人の文化や感性を知る目安である。センスが悪いと、たとえどんなに中身がある人物だとしても、会話を交わしたいと思わない。そして、実際、会話も洗練されていないことが多い。

電流の単位にその名をとどめる、フランスの物理学者アンドレ＝マリ・アンペールは、実験に使う薬品のせいで、いつも手が黒く汚れていた。貴婦人たちは、彼が一緒に食事の席に着くことに眉をひそめ、アンペールも貴婦人たちに歓迎されていないことを悟って、社交界から遠ざかってしまう。アンペールが、手の汚れなど気にしていたら、偉大な発見はできなかったのだが、どんな立派な知性も、不潔さを補うことはできないのだということも知っておく必要がある。

押しつけがましい態度に、女性はDVのにおいを嗅ぐ

不潔さに次いで女性が嫌うことが多いのは、押しつけがましい態度だ。断定的な言い方をしたり、上から目線でほかの人に接したり、強要するような態度をとったりすると、「嫌《イヤ》!」と思ってしまう。

女性は、長い間、従属的な立場に置かれてきた。そうしたなかで自立を成し遂げてきたという歴史がある。それゆえ、女性の自立や主体性を脅《おびや》かすような態度や言動に対して、強い反発を生じやすい。そうした素振りを少し見せただけでも、人間性を疑われてしまう。

こうした女性の厳しいチェックは、現実に、女性がDVなどの被害に遭っていることを考えると、当然のことだと言える。女性に対して、押しつけがましい態度をとるということは、親密な関係になればDVのリスクが高いということをばらしているようなものだからだ。断定的な言い方や命令口調だけでも、そこには将来のDVのにおいが漂い、女性は引いてしまうのである。

押しつけがましいか、そうでないかという違いは、些細なことに思えるが、決定的

なほどに重要な意味をもつのだ。相手の主体性や気もちに対する配慮があるか、その点が欠落しているかに、愛情を支配と勘違いしている輩《やから》か、相手への思いやりをもてる人であるかが、図らずも露見している。

押しつけがましくない態度や言葉遣いには、さわやかさが漂う。相手の意思を軽視した、無理強いする態度には、ねちっこい支配を感じてしまう。それが相手を引かせてしまうのであり、そう感じることは、ある意味、適切な反応なのである。言葉遣い一つにも、そうした本性が出てしまうので、気をつけたい。

相手が嫌な顔をしたらストップ

社会の基本ルールでもあり、とくにこだわりの強い人が失敗しないために気をつけたいのは、相手が「嫌!」のサインを出したら、すぐさまストップをかけるということだ。これは、極めて基本的なマナーに思えるだろうが、パートナー間であれ、上司と部下の間であれ、ハラスメントやトラブルが起きる状況は、相手が出す「ノー」のサインを無視して突き進んだことによることが圧倒的に多い。

自分が強い立場にあるとき、あるいは甘えが許されるとき、人はノーサインを無視してもよいと勘違いしやすいのだ。しかし、ノーサインを無視して、自分がしたいことをしてしまうと、それは、相手の意思を無視してこちらの欲望や都合を優先し、無理強いすることであり、レイプや暴力と本質を同じくする行為なのである。

この基本的なルールを守るだけで、人間関係はかなりスムーズになる。

何をする場合であれ、相手がノーのサインを出したら、「ごめんごめん。きみの都合も考えずに、無理を言っちゃって」と、すぐさま引き下がることが基本なのである。

それでもどうしても頼みたいときには、それなりに礼を尽くして事情を説明し、相手の意向を尊重する姿勢を見せたうえで、お願いする必要がある。

かくかくしかじかの理由で、ほかの人の都合がつかなくて、とても困っているんだ。きみに無理がかかるのはわかっていて、本当に申し訳ないんだけど、何とかお願いできないだろうか。ときちんと説明したうえで、相手の納得を得る必要がある。もちろん、それで無理だと言われたら、いさぎよく引き下がるしかない。

子どもにしてほしいことを無理強いしない

やったほうがいいと思うことを、子どもがやりたくないという態度を見せたときも同じだ。ただ無理強いして、やらないなら罰を与えるからなと脅したりするのは、虐待に近いことになってしまうし、子どものやる気を奪ってしまうという点で最悪の対応だ。

嫌がっていることは無理強いしないのが原則だが、それでも、どうしてもやってほしいのであれば、やりたくない気もちやその理由も受け止めたうえで、それでもやってほしいと思う理由や事情をきちんと説明して、子どもの心を動かすことである。

それなら、やるよと思うようになるか、それでも、やりたくないと思うかは、あくまで子どもの主体的な判断であり、それを尊重しながら、対等な関係で語りかける。そうしたかかわりをしていると、いまはやらないという結論になったとしても、いつか自分からやろうという気もちになることも多い。

誘い方にもルールがある

少し不謹慎と思われるかもしれないが、真面目な意味で女性に求愛したり、ベッドに誘ったりするときにも、同じ原理が重要になる。

最悪の誘い方は、自分の気もちもはっきり言わず、何の事情も説明せず、いきなり体を求めようとするようなやり方で、そうしたことをすれば、たとえ相手が好意をもってくれている場合でも、興ざめしてしまいかねない。

「隣に座っていいですか」「手を握っていいですか」「勇気を出して言うけど、きみのことが好きです」「ずっときみのことを思っていました。抱きしめていいですか」と、段階的に問いかけ、気もちを打ち明け、同意を得ながら次に進むのが基本だ。

そうしたプロセスを踏んで、もし相手が好意をもってくれているのならば、相手は隣に座ることや手を握ることに同意するだろうし、それによって、相手の好意を確認したうえで、あなたは、気もちを告白することができる。

そこまでで、相手が拒否する反応を示さなければ、次のステップも受け入れてくれる可能性が高い。抱擁まで受け入れられれば、先を焦らなくても、時間の問題で、肉体関係にまで至るだろう。

万が一、どこかの段階で相手が拒否すれば、「ごめん。変なこと言って」とか「きみが魅力的だから、調子に乗っちゃった」とでも、弁解して、あっさり引き下がる。

パートナーがセックスに応じてくれず、それで悩んでいるという人も多い。グレーゾーンの人では、結婚したらセックスは自由にできるものと思っていて、それをしないのは義務を果たしていないと感じる人もいる。そうしたルールを相手に押しつけようとすると、なかば無理やり性行為を強要するというようなことも起きてしまい、相手はますます性交渉に拒否的になってしまう。

結婚していようが、相手の意思を無視してセックスを強要すれば、レイプ（強制性交等罪）になってしまいかねない。パートナーといえども、相手がその気になれるように、そして、同意してくれるようなプロセスが必要だ。

どういう場合であっても、気もちを伝えたうえで、同意を確認する。そのとき、同意してくれそうなハードルの低いことから、問いかけていくのが一つのポイントだ。いわゆるイエス・セットと呼ばれる心理誘導術で、イエスと答えるような質問を投げかけることで、相手は心を許しやすくなる。相手を操るというよりも、心地よい関係を築いていく基本的な技法だと言える。

相手も、その気になれるように、上手にことを運んでくれることを期待しているかもしれない。心地よくその気にさせることも、重要な社会的スキルであり、そこでポイントになるのは、自分の気もちを率直に表現するとともに、相手の気もちを尊重する姿勢である。そうした姿勢に対して、イエスという言葉が発せられるのである。

夫婦関係に悩む男性がカウンセリングを卒業した日

大手ＩＴ企業に勤めるＮさんは、奥様との関係のことで悩んでいた。Ｎさんは、仕事ぶりは真面目で、優秀な技術者だが、相手の気もちを考えたり、気もちを表現したりするのはあまり得意ではなかった。

あるとき、妻に関係を求めたところ、拒否されることがあり、ショックを受けた。Ｎさんは、余計に妻とのセックスに執着するようになったが、妻の目には、それは相手の気もちを考えない、独りよがりな欲望の追求に思え、妻の気もちはいっそう冷めてしまうのだった。

カウンセリングを受けるなかで、Ｎさんは、妻の気もちという視点が抜け落ちていることに気づく。妻が夫に対して安心感や信頼感をもつことができてはじめて、そういう気もちにもなるのだということを改めて認識するなかで、妻に対するかかわり方を変えていった。

そしてある日、妻の口から、明日のカウンセリングはもう行かなくてもいいわと告げられる。それは、久しぶりに聞く、妻からのイエスだった。

抵抗には抵抗しない

相手のノーサインを認めたら、それを無視して進まないという原則は、対人関係に限らず、さまざまな状況について当てはまる原則にもつながっている。その原則とは、抵抗には抵抗しないということだ。

何かをやろうとしたとき、抵抗に遭うことがある。そのとき、いったん立ち止まることが、重大な事態を回避するうえで、とても大事なのである。

この原則についてわたしがはじめて学んだのは、もう三十年以上前、内視鏡の専門のドクターからであった。彼が言うには、内視鏡を奥に進めようとして、抵抗にぶち当たったときは、決して無理に進めてはいけないということだった。いったん止まって、少し戻したうえで、もう一度進めてみるといった、丁寧な対応が必要なのである。無理やり進めてしまうと、胃や腸の壁を傷つけたり、ときには突き破ってしまったりする重大事故につながる。この原則は、かたちを変えて、ほかのさまざまな専門家から聞くことがあった。

たとえば、心理カウンセリングにおいても、この原則は重要である。ギャンブルを止めたいが止められないで悩んでいる人に、止めなさいと言ったところで、自信のない反応しか返ってこない。それで、もっとムキになって、絶対やらないと約束させたところで、実行は難しい。止められないことで自分を責めるだけでなく、約束を破って合わせる顔がないと、カウンセリングにも来なくなってしまう。

本人が抵抗する気もちを示したときは、力ずくでそれを抑え込もうとしたところで、逆のことが起きてしまう。本人の顔が曇《くも》ったら、それは抵抗を示しているということで、むしろ引き下がり、本人の気もちを受け止めることが必要だ。止めたいが止められない気もちを受け止められなければ、何もわかっていないということでしかなく、スタート地点に立つことさえできない。

こちらの期待に反する反応が返ってきたら、それに抵抗しようとするのではなく、その反応をありのままに肯定し、そうなんだねと、きちんと受け止める。そこからすべてははじまる。

相手が抵抗を示していても、こちらが気づかないのでは、話にならない。そのためにも、まず相手の反応や顔をよく見るということが大切だ。自分のしたいことにばかり気を取られず、そういうときほど、相手の反応に注意を凝らす。そうすれば、相手が受け入れそうかどうかも、自ずと見えてくる。

こだわり症があったり、執着が強く、融通が利かないタイプの人では、抵抗されると、ムキになってしまう。ふだんは穏やかそうに見える人でさえも、自分の意に反することが起きると、冷静でいられなくなり、自分の言い分に固執し、意地をはってしまう。抵抗に出会うと、逆に抵抗のスイッチが入ってしまう。

この回路を変える必要がある。抵抗を感じたら、内視鏡の話を思い出してもいいだろう。自己教示法で、抵抗には抵抗しないと、つねづね自分に言い聞かせることも有効だ。毎日いくらでも練習の機会はある。日々練習と思って、抵抗を感じたら、むしろ力を抜き、一歩下がって見渡す習慣を身につけていこう。

専門的な取り組みとしては、メンタライゼーション・トレーニング[*5]などのトレーニング的なカウンセリングがおすすめである。

第4章

心を開き、安全基地を手に入れる

一緒にいるだけで、元気で幸せになれる人

治療者でも、支援者でも、その人がかかわっていると、なぜかいい方向に変わり、物事がうまくいくようになる人がいる。一方、その人がかかわると、まるで運が逃げていくように、どんどん悪化してしまうという場合もある。

うまくいく場合には、治療者や支援者がもっている根本的な考え方やふるまい方のエキスのようなものが少しずつ浸透して、いつのまにか同じように考えたりふるまったりするようになる。

よい支えが与えられると、その人はどんどん自由になり、縛られていたものから解放され、その人自身の人生を歩むようになるが、悪い支え手に出会ってしまうと、どんどん不自由になり、解放されたように錯覚しても、別のものに縛られていく。自分の人生を歩むというよりも、また誰かの支配を受け続けることになる。

では、うまくいく人は何をもっているのだろうか。幸運を呼び寄せ、その人自身の人生の可能性をどんどん広げていくものは何なのだろうか。それこそが、心を開くという能力であり、それによって安全基地を提供できるだけでなく、本来の能力を開花

させたり、新たな可能性が開かれていく。さらには、その人自身も安全基地を手に入れることができる能力でもある。

親密な関係や信頼関係を築くにも

前章では、対人関係の基本として、相手の安全感を脅かしたり、不快にすることなく、心地よく接する配慮を行うことや、行動においても愛想よくふるまうことを学んだ。そうしたスキルが身についてくれば、次の段階として、親密な関係や信頼し合える関係を築いていくことになる。そのために不可欠なのが、心を開くことである。

グレーゾーンのなかでも、ASDの傾向をもつ人や回避型や恐れ・回避型の傾向をもつ人では、人に対して心を開くのが苦手である。ADHDやLDの傾向をもつ人でも、自分のことを話したり、気もちを伝えたりすることが概して不器用だ。心を開いて、人との距離を縮めたり、安定した関係を維持したりがうまくいかないことも多い。

ただ、心を開くことができるかどうかには、本人の課題や努力だけではなく、周囲の問題や対応も大きくかかわっている。心を開こうとすると、責められたり貶《おとし》められたりする環境にいれば、誰も心を開けなくなる。それが、当たり前になるなかで、心を開くという回路が失われてしまう。

だが、心を開くことは、ほかの人から助力を得たり支援を受けたりするためにも、また、精神的な苦境やトラウマから回復を遂げていくためにも、大切なプロセスである。この関門を、うまくクリアできるかどうかで、人生は大きく変わってくる。

冒頭に述べた二人の男性のケースをもう一度思い出してほしい。同じような発達特性をもちながら、一方は現役医師として活躍し、もう一方は、勝るとも劣らない能力を活かせず、家に引きこもりがちな生活を送っている。その違いとして、前者のほうには、愛想のよさがあり、人に甘える術を知っているが、後者のほうは、それが欠けていたということを述べた。

だが、彼らの背景をさらに探っていくと、その違いを生み出した別の要因が見えてくる。それは、前者は、彼を肯定的に受け止め、評価し、力強く守ってくれる人がいて、自己肯定感や他者に対する信頼をそれなりに育《はぐく》めたが、後者では、そうしたサポートも弱く、彼のことを特別に評価してくれる大人も、ほとんどいなかったということだ。

同じようにイジメを受けても、守ってくれる人がいて、助けを求めることができたか、一人で耐えねばならなかったかで、ダメージが全然違う。同じ能力をもっていても、それに注目してくれ、特別に評価してもらえたかどうかで、さらに伸びるか、眠ったままになるかという違いが生まれる。

いざというとき、後ろ盾や避難場所となって、その人を見守ってくれる安全基地をもてたか、それに恵まれなかったかによって、人生は大きく違ってくる。しかし、不幸にして、安全基地に恵まれなかった場合でも、心を開く能力をもつことによって、外に安全基地を見出し、自分を支えてくれる存在に出会い、チャンスを広げていくことができる。

本章では、心を開くことの威力と、その能力を手に入れるためにどうすればよいかについて学んでいきたい。

心を開くことが可能性を広げる

心を開くことが、人生の可能性を広げるとともに、心が傷を受けた場合も、回復のカギを握るのはどうしてだろうか。

ひと言で言えば、ほとんどのチャンスは外からもたらされるが、心を開いた存在だけがそれを受け取れるからである。いくら相手が手を差し伸べてくれて、目の前にチャンスがあったとしても、心を開いていない人は、相手の好意も自分の可能性も信じられず、スルーしてしまう。

心を開くことを身につければ、相手と打ち解け、本音の話をしたり、信頼関係を結んだり、助力やチャンスを得たり、ふさわしいパートナーやいい仲間と出会ったり、うまくいかない関係を改善したりすることも自然にできるようになる。

逆の立場で、傷ついて、慰めを必要としている存在を優しく包み、支えていく場合にも、心を開くことが必要である。これは、カウンセラーなどの専門家として人を支える場合に限らず、身近な家族や友人が落ち込んでいたり、傷ついていたりするときも同じである。

グレーゾーンの人が、家族との関係でつまずきやすいのもこの点である。当然、じっくり話を聞くべきときや優しい言葉をかけるべきときに、何も言わないどころか、スルーしてほかの話をはじめたり、ぷいといなくなってしまったりする。そういうことが何度も起きると、相手は、自分が愛されていない、大切にされていないと感じてしまい、関係が綻び出すことになる。

心を開くことが相手の心も開かせる

心を開いた存在だけが、傷ついて閉ざされた心を開くことができる。

しかし、多くの場合に起きやすいのは、心を閉ざした存在に接していると、同じように心を閉ざしてしまうという反応だ。相手から拒否されていると感じ、自分が馬鹿にされている、無視されていると思うことも多いだろう。それなら、こちらも心を開く必要はない。同じように拒否するか無視してやろうということになる。

グレーゾーンの人では、こうした反応に陥りやすく、うまくいっているときには、いい関係なのだが、何かうまくいかないことがあったときに、急に関係が悪化してしまいやすい。

他人同士だけでなく、身近な家族や友人との間でも、こうした反応が起きてしまう。

しかし、よく訓練されたカウンセラーや支援職の人、あるいは、一般の人でも、相手の気もちを汲み取れる人では、それとは違った反応をする。

相手が心を閉ざしていると、相手の傷ついた気もちを感じ取って、その気もちに寄り添おうとする。同じように心を閉ざすのではなく、もっと優しく丁寧に根気よく接し続ける。そうすることで、いつのまにか、相手も心を開くようになる。

心を開くことは、もって生まれた要素以上に、訓練と努力の積み重ねによって獲得される能力である。

では、心を開いた状態になるには、どうすればいいのだろうか。

心を開いた状態とは？

まずは心を開いた状態とは、どういうものかを理解する必要がある。それは相手に対して開かれているというだけではなく、あらゆる可能性に対してオープンな状態でもあり、さらに言えば、自分自身に対しても開かれた状態、わかりやすく言えば、素直で、先入観のない状態なのである。

心を開いた状態になるためには、大きく三つの条件が必要だと言える。

一つは、相手に対する新鮮な関心だ。相手のことをもっと知って理解したいという姿勢だ。自分の興味のあることには関心をもつが、そうでないことには反応が弱いとか、自分の意にかなうことは盛んに賞賛するが、意に反することには反応しないというのではなく、本人が感じていること、関心をもっていることに、本人の視点で関心を注ぐ態度である。

はじめて会った場合や知り合って間もないころであれば、相手に新鮮な関心をもつことは容易である。だが、勝負の分かれ目は、何百回会っていようと、何十年も知っている相手であろうと、変わらない新鮮な関心で相手に接することができるかどうかなのである。

二番目の条件として、ありのままに受け止め、認め、受け入れるということが挙げられる。言い換えると、こちらからの基準や価値観に縛られないということだ。自分の考えや関心ばかりを話したり、自分の考えで相手の言うことを判断したり、助言したりする場合、自分で気づかずに、自分の視点にとらわれており、心がオープンな状態とは言えないのである。相手が話すことに関心や気もちを注ぎ、相手と視点を共有しながら応じていく自在な姿勢が求められるのだ。

三番目の条件は、第二の条件の言い換えとも言えるが、先入観や決めつけ、とらわれや一方的な価値判断から自由な、**真っ白な気もちで向き合うということ**だ。これはとても大切であるとともに、難しいことでもある。はじめて出会う人であれば、ある意味、容易である。すでに、その人との間でいざこざが起きていたり、わだかまりがあったりすれば、この条件をクリアすることは難しくなる。

優れたカウンセラーや対人折衝《せっしょう》のプロと言える人たちは、さんざん悪評を聞いていたり、前回、顔を合わせたときに不快な出来事があったとしても、すべてをリセットして、新たな気もちで相手に向き合おうとする。実際、そうしたことができる。もちろん心の奥底には、傷ついた気もちや嫌悪する気もちがひそんでいるかもしれないが、いったんそこは帳消しにして、新しい気もちに切り替えようとする。

人に対してだけでなく、あらゆることへの関心や未来の可能性についても、先入観や過去の評価、失敗にとらわれず、自由で、開かれた心で、つねに新しいことを発見するようなまなざしを向けることは、本来のポテンシャルを蘇《よみがえ》らせ、活性化することにもつながる。

心を開くことは「安全基地」になること

こうして述べた「心を開いた状態」は、人に対して言えば、「安全基地」になるということでもある。

安全基地とは、安定した愛着を形成するうえで、あるいは、それを取り戻すうえで、安心の土台となり、そのプロセスを支えていく存在のことである。**安全基地となるためには、まずは安全を脅かさないこと（安全性）、相手が求めたら応えること（応答性）、相手の視点で考えること（共感性）**が求められる。それは、言い方を変えると、相手が求めてもいないのに手出し口出しをしないということであり、相手の主体性を尊重し、それを侵害しないことも、安全性や応答性の原則に含まれるのである。

しばしば勘違いされやすいことだが、**安全基地であることは、相手の言いなりになったり、相手の求めることを何でも受け入れるということではない。**安全基地とは、子どもと養育者の関係のような、保護を必要とする存在と保護者との関係においてそもそも成立するものであり、子どもの安全と成長を守るということが本来の目的である。

大人であっても、弱っているときや、支えが必要なときには、安全基地となる存在が必要になるが、ずっと頼りっぱなしであるとか、代わりに面倒なことをしてもらえるというのでは、むしろその人の自立や成長を阻害してしまう。

つまり、安全基地となる存在は、助けの必要がなくなれば、次第に手を引いていき、本人自らが、自分の足で立ち、進んでいけるように応援する存在であり、徐々に手を放していくことも求められるのである。丸抱えになりすぎては、安全基地というよりも、後見人や代理人になってしまう。

心を開くことのパワー

心を開くことの不思議な力は、相手とつながり、安心や信頼が生まれることで、お互いが恩恵を手に入れることを可能にする。相手を救い、元気にするだけでなく、自分自身も救われ、元気をもらえるのである。それは、どういうことか。

傷ついて心の殻を閉じ、こちらに背を向けている人がいるとしよう。こちらを拒否していると思って、こちらも背を向けてしまえば、相手の心はいっそう頑《かたく》なになり、人間に対する不信感をより強固にするだけで終わるだろう。

相手が背を向けていても、心を開いて寄り添い、背を向けていることも含めて、そのまま肯定し、受け入れれば、やがて相手は、背を向ける必要がないことを悟って、相手の問いかけに答えはじめる。殻の下にある傷ついた思いを語りはじめる。気もちが共有され、お互いがつながる。

そのとき、傷ついた心を抱えた側だけでなく、傷ついた心に寄り添う側も、救いを感じるのである。

優れたカウンセラーほど、身を挺《てい》して仕事に没頭するのは、なぜか。それだけの犠牲と労力を補って余りある心の報酬を受け取るからだ。心の傷を抱えた人がほんの少しでも楽になり、いい方向に変化していくのを見ることが、大きな喜びを与えるからだ。心を開くことで、相手も心を開くようになり、心がつながり、ともに歩むことができる関係が心地よいからだ。

同じように一般の対人関係においても、家族との関係においても、心を開くようになることで、その関係が心地よい喜びを与えてくれるものになる。

心を開くことのパワーは、対人関係の面だけではない。そのひと本来の可能性も広げていくことができる。それまで自分の思い込みで、自分を狭く限定していたとしても、そこから自由になることで新しい可能性が拡大するのである。

引きこもりだったKさんの回復をもたらしたのは

Kさんが引きこもりになったのは、高校の途中からだった。何とかその状況を変えようと、カウンセリングを受けるため、意を決して六年ぶりに外に出てみると、駅前が再開発ですっかり様変わりしていて、自分が浦島太郎になったような気がしたという。

それから、回復を遂げたKさんは、スーパーで働くようになった。周囲の人も親切で、その仕事が嫌だったわけではなかったが、次第に物足りないものを感じるようになった。大学にも行っておらず、学歴も資格もなかったが、自分がやりたい仕事とは違うような気がしたのだ。

Kさんは、自分の興味の赴《おもむ》くままに、図書館で借りてきた本を読んだりネットで調べたりして、知りたいことについて情報を集め、学ぶようになった。あるときは経済について、あるときは外国語の勉強に熱中した。高校の途中から勉強をしなくなったため、学ぶことにかえって新鮮さがあるのか、納得がいくまで調べ尽くし、知識を次々と吸収していった。だからと言って、それが、そのまま仕事につながりそうもなかったが、Kさんが自分の意思で取り組んでいることを尊重して、わたしは余計な口出しは控え、Kさんが学んだことを教えてもらったりした。

やがてKさんは、プログラミングに興味をもつようになり、それにのめり込むようになった。その道で仕事ができたらと思うようになったが、独学で学んだプログラミングの知識がどれだけ実践で通用するか、まったく自信がなかった。ちゃんとした教育を受けていない自分のような者を雇ってくれる会社なんかないだろうと思い、仕事としてプログラミングにチャレンジすることもしなかったのである。

そんなとき、母親の病気が発覚した。かなり深刻な状態で、Kさんは衝撃を受けたが、落ち込んでばかりはいられなかった。Kさんは母親の病気について徹底的に調べ、母親が最善の治療を受けられるように、医師とも話し合いを重ね、また母親の治療にも付き添った。母親に代わって、家事や料理もこなした。幸い母親の経過はよく、医師も驚くほどの回復を見せた。

それとともに、Kさんは、これまで逡巡していたプログラマーとしての就職を本気で考えるようになった。母親の病気がどうなるかわからないなかで、自分にできることを考えたとき、ぐずぐずしている場合ではないと思えてきたのだ。

Kさんは、インターンシップに応募して、現場でプログラミングの仕事を実際に体験することからはじめた。そこでわかったのは、Kさんが身につけなければならないこともまだ多いものの、何とかやりこなせそうだということだ。

思いがけないことに、大学や専門学校で正規にプログラミングを学んだ人たちから対等に受け入れられ、これまで交わしたことのなかったような会話に加えてもらえた。わからないことを教えてくれたり、落ち込んでいるときに、言葉をかけてくれたりもした。母親の病気のことも打ち明けた。自然に頼ったり、愚痴をこぼしたりもできる関係になっていた。Kさんがはじめて手に入れた信頼できる仲間だった。

母親の病気は困難な試練だったが、その体験のなかで得たものも多かった。もう時間がないのではという思いと、後悔したくないという思いのなかで、自分のなかの恐れやためらいなどはつまらないことに思えるようになっていた。つらい治療に耐え、それでも前向きで、笑顔を絶やさない母親の姿に、自分は何をしているんだと思うようになっていた。

医師をはじめ、さまざまな職種の人たちと話し合ったり折衝《せっしょう》したりしなければならなかったが、自分が前に出てやるしかなかった。これまでは、その役を母親が引き受けてくれていたのだ。

しかし、やってみたら、何だってできないことではなかった。家事にしても、勉強にしても、人づき合いにしても、逃げずにやるしかないと思ったら、何だってできた。自分がいままで、失敗するのが怖くて、笑われるのが怖くて、逃げていただけだということを思い知った。

逃げずに、いろいろな人と話をするなかで、話のレパートリーが着実に広がっていった。自分はしゃべれないと思っていたが、しゃべることを避けていたため、経験が不足していただけなのだ。そう気づくと、普通にしゃべれるようになった。

出発点は、引きこもりの状態から回復するなかで、医師やカウンセラーに話を聞いてもらい、支えられてきたことだった。そこで、人に頼っていいんだと、自分の気もちや考えを言ってもいいんだと思えるようになった。仕事をするうえでも、その部分が一番大事だと、つくづく思う。知識があっても、それだけでは使えない。人との関係があってはじめて、仕事として成り立つ。それを仲間やみんなから学ばせてもらった。

実際、Kさんの**何が一番変わったかと言えば、人を信頼し人に頼ることができるよ**

うになったことに思える。さらに、それを可能にしているのは、心を開くことができるようになったことだ。自分を飾ったり、大きく見せたりするのではなく、ありのままの自分を自然に出せるようになったこと。その身構えない雰囲気が、Kさんに接近しやすい空気を醸し出させ、お互いに打ち解けやすくしたように思える。それが、友だちも仕事のチャンスも引き寄せたのだ。

さらには、自分の否定的な思い込みに縛られて、何をしても無駄のように思っていた状態から次第に自由になって、自分が学びたいことを学びはじめたとき、Kさんは本来の可能性へと開かれていったのである。

心を開こうとしたとき、傷つけてくる相手には

しかし、なぜそもそも心を閉ざすようになったのかと言えば、心を開いて本心を見せたとき、傷つけられたり恥辱を受けたりしたことがあったからだ。また同じことが起きるのが怖いので、心を開くことを躊躇《ためら》うのだ。心を開くことが怖くてできなくなっているのだ。

勇気を出して心を開こうとしても、ふたたび傷つけられるようなことが起きれば、

また人間不信と自己否定の闇に後退してしまいかねない。それゆえ、心の傷をふたたび負わないためにも、心を開く技を身につけるとともに、傷つけてくる相手や理不尽な要求をする相手から自分を守る術も学ばなければならない。

心を開くことと同じように、ときには心を閉ざし、拒否することも、身を守るためには不可欠な技なのである。次の章では、自分を守るスキルについて考えよう。

心を開く技を身につけるうえで、有効な専門的アプローチは、なんと言っても、安全基地となってくれるカウンセラーの継続的なカウンセリングを受けることである。その場合、どういう技法を用いるかということ以上に、安心して話をすることができるということが、大事になる。

第5章

自分を守れる人になる

同僚からの頼みを断れない

大手コーヒーチェーン店で働くJ子さんは、同僚との関係で悩んでいる。面倒な仕事を、全部J子さんに振ってくるのだ。それも、帰り際にこれとこれをやっておいてと言って、自分は帰ってしまう。こちらもしなければならない仕事はいっぱいあるのに、勝手だなと思うが、うまく断れないままに、頼まれたことをやらないのもどうかと思い、結局、無理をしてでもやってしまう。

店の雰囲気も、その店の仕事も好きなのだが、その同僚とまた一緒のシフトだと思うだけで気が重くなる。最近は、気もちまで沈んで、ふと死にたいなと思ったり、この職場にも信用できる人は誰もいないなと思ったりして、つらくなる。

これまでも、同じチェーンのほかの店で、何か所か働いたことがあるが、いつも似たような状況になり、結局、つらくなって辞めてしまった。今回は、できれば辞めたくないと話す。

事情をさらに詳しく聞くと、J子さんが、相手本位に考え、断るのが苦手ということもあるが、相手もなかなかしたたかで、J子さんがノーを言えないように上手にもってきているようだ。うわべは調子よく、あなたはいい人だから、わたしの頼みをもちろん聞いてくれるわよね、という態度や期待をにじませてくるので、断れないのだ。ノーを言う隙をつくらせない。相手のほうが、狡《ずる》さで一枚も二枚も上手だと言える。こうした状況で一番貧乏くじを引き、面倒ごとばかり押しつけられやすいのが、J子さんのような不安型愛着スタイルの人である。

グレーゾーンの人は相手の要求をかわすのが苦手

不安型愛着スタイルに限らず、グレーゾーンの人では、上手に相手の要求をかわしたり、やり返したりするのが苦手で、ぶつかるのを避けようとして、言われる通りにしてしまうことも多い。その結果、ストレスがたまり続け、そのうち限界を迎えてしまう。

不安型愛着スタイルとは、人の顔色に敏感で、相手に合わせてしまい、自分を犠牲にしてでも過剰にサービスするタイプだ。不安型愛着スタイルだけでは、発達の課題をもつ状態とは言えないが、最近は、**軽度のＡＳＤ傾向と不安型愛着スタイルが併存している人も多く、そうした人では、神経レベルでも過敏で、かつ周囲の顔色や反応**

にも敏感という二重の過敏さを抱えている。

つまり神経学的な過敏さと心理社会的な過敏さの両方が併存している。こだわりも強かったり、人づき合いで気を遣いすぎて疲れてしまうので、対人関係やコミュニケーションも苦手意識をもつことも多く、ＡＳＤのグレーゾーンと判定されたりするが、通常のＡＳＤと違って、共感性や空気を読むことはむしろ長《た》けている。

相手の気もちを読み取りながら、ある程度合わせることは、社会でうまくやっていくうえで大事なことだが、それと同じくらい**必要になってくるのは、自分を適切に守るスキル**である。

自分を守るために、上手に「ノー」を言う

まず、自分を守るうえで大事なことは、嫌だと感じたことには、ノーサインを出すことだ。嫌だと感じたときは、なんらかのノーサインを出したほうが、何も出さない場合に比べて、圧倒的に物事を有利に進められる。ノーサインをつい遠慮してしまう人やとっさに言葉を飲み込んでしまう人では、まずノーサインを出す練習を積む必要がある。

グレーゾーンの人では、相手を責める攻撃的な言動が多いタイプの人もいるが、じつは、もっと多いのは、相手を責める反応が少ないタイプの人である。このタイプの人は、イジメやハラスメントに遭いやすいだけでなく、ストレスからうつ病など精神的な病にもかかりやすいのだ。不当なことをされても、反撃やノーを言うことができないため、一方的に責任を押しつけられてしまうこともある。

相手を責める反応が極端に低い五十代男性の場合

Tさんは、五十代の真面目で、手まめな男性で、いまは平穏に暮らしているが、三、四十代の日々は苦難に満ちたものだった。子どものころから、ほかの子とわいわい遊ぶよりも、一人で静かにプラモデルを組み立てたり、本を読んだりするのを好んだ。几帳面で、何をしても丁寧だったが、時間がかかった。

それでも、自分のペースでできる技術的な仕事を選んだことは合っていたようで、二十代は、比較的順調だった。下っ端のうちは、上にも仕事ができる人がいたし、まだ独身だったので、多少忙しくてもなんとかなっていた。

三十代はじめに、知人の紹介で知り合った女性と結婚、子どもも一人できた。年齢も経験も上がり、責任ある仕事を任されることも増えた。しかし、営業がとってきた納期の短い仕事を、「Tさん、悪いけど、頼む」のひと言で押しつけられるのを、断ることもできず、真夜中まで残業が続くようになった。しかも、子どもの夜泣きが重なり、よく眠れないTさんはイライラして、妻との関係もぎくしゃくするようになった。Tさんが、うつ病を発症したのは、そんなときだった。

その後、紆余曲折《うよきょくせつ》の末、結局、Tさんは会社を辞めることになったが、もっとつらかったのは、妻からも離婚を迫られ、受け入れざるを得なかったことだ。子どもとも、まったく会えなくなってしまう。そうした状況が、うつを長引かせることとなった。

いま、Tさんは、生活のペースを取り戻し、一人暮らしを楽しんでいる。几帳面で、手先を動かすことが好きなTさんは、家庭菜園でとれた野菜で料理をしたり、日曜大工をしたりと、忙しく日々を過ごしている。

そんなTさんが、あるとき、発達検査を受けてみたいと言い出した。自分の人生を振り返ったとき、何がいけなかったのか、まだ釈然としないものがある。どうすればよかったのか、もっと理解して、今後の人生に活かしたいというのだ。

それで、通常の知能検査以外にも、コミュニケーションの特性や社会的認知、同一性へのこだわりがわかる検査など、専門的な検査に取り組んでもらった。その結果わかったことの一つは、言語理解や知覚統合は高く、複雑な課題は得意なのに、作動記憶や処理速度が低く、比較的単純な課題のほうが苦手ということで、これは、アスペルガータイプのASDに見られやすいパターンの一つである。

だが、この特性だけなら、Tさんは、そこまで行き詰まらずに、技術者として、平穏な人生を歩めたかもしれない。PFスタディという、ストレスを受けたとき、どういうコミュニケーションをとるかを調べる検査を行ったところ、驚くべき結果が出た。通常は、三十五パーセント程度認められる、相手を責める反応(他責反応)が、わずか五パーセントしか認められなかったのだ。

Tさんが無理な仕事を断れず、その結果、うつ病になってしまったのも、その後も、以前と同じように働こうとし、働けない自分を責め、自分から仕事を辞めたのも、妻から離婚を迫られたとき、病気になって働けない自分が悪いのだと、妻の言う通りに子どもの親権も監護権《かんごけん》も渡してしまい、面会交流も諦めてしまったのも、不当なことにもノーが言えず、すべて自分が責任を引き受けてしまい、自分を守るための当然の主張さえできないことに起因するようにも思えた。

だが、それはTさんが長い時間をかけてたどり着いた境地かもしれず、せっかくのバランスを崩さないように、筆者は、「仏様のような状態ですね。何も責めることなく、すべて許しているんですね」と話すと、Tさんは、深く納得したようにうなずかれたのだった。

適切に「ノーサイン」を出す

しかし、Tさんの境地に至るまでは、それはつらく、長い道のりが必要だった。

それを考えると、Tさんのような境地にたどり着くことを目指すよりも、自分をきちんと守れるようになることを身につけることを、おすすめしたい。

その一歩が、ちゃんとノーを言えるようになること、そして、相手の行きすぎた、不当な行いに対しては、不満や怒りを示し、責任追及を行えることも必要なのである。

ただし、過剰防衛になっては、関係に必要以上のダメージを与えてしまうし、下手をすると、あなたのほうが悪者になってしまう。

そこで、できるだけ平和的に対処する必要があるわけだ。そこで重要になるのが、適切なノーサインを出すことなのである。

ノーサインの第一は、顔色と声である。困った顔や戸惑った表情を浮かべる。声も、少し苦しげで重々しくする。察しのいい人であれば、それだけで、相手はブレーキをかける。それでは通じない相手には、もっとつらそうな顔や少し怒りを含んだ表情や態度が必要になるだろう。

第二は、断り文句である。「それは、ちょっと」「ちょっと難しいかもわかりません」と、多少婉曲《えんきょく》な言い方から、「待ってください」「無理です」「困ります」「できません」と、よりストレートな言い方まで、相手や状況によって使い分ける。

鈍感で図々しい相手や、少し頭にくるようなことをされたときは、硬く険しい顔をして、後者のような言い方をすることが、むしろ必要だ。こういう相手には、はっきりノーを伝えておいたほうがよいからだ。

そのうえで重要なのは、事情を説明することだ。**この事情を説明するスキルは、頼みごとをする場合や交渉をする場合など、難しい局面ほど重要になるし、つねに事情を説明する手間をかけることで、コミュニケーションも相互理解もスムーズになる。**

コミュニケーションや対人関係の上手な人というのは、つねに事情を説明し、こちらの行動の背後にある意図や気もちを、相手が不信感を抱くことなく理解できるように、こまめな努力を怠らない人でもある。

相手がそれなりに礼を尽くして頼んできた場合や、金銭がからむ問題などでは、即座にノーと言いにくい場合もあるし、結論はノーだとしても、いきなりノーと言ったのでは、こちらの誠意を疑われるという場合もある。

そうした場合の基本的なルールとしては、いったん持ち帰ることである。「考えさせてください」とか「よく検討してみます」とか、「家族にも相談しないといけないので」などと言って、とにかく即答は保留し、時間を稼ぐ。ある程度、日をおいてから、丁重に断る。

難しい相手には、礼儀正しく距離をとる

世の中には、いろいろな人がいる。人に迷惑をかけないように気を遣い、ルールをきちんと守ろうとする人もいれば、自分だけ特別扱いを期待し、思い通りにならないと、すべて相手に責任転嫁して、暴言を吐いたりする人もいる。

常識が異なる人とかかわることも、仕事では多くなるし、友人やパートナーがそういうタイプだったということも少なくない。かかわりをもたずに済む相手であれば、極力かかわらないようにするのが一番だが、かかわらざるを得ないという場合は、どうするのがよいのだろうか。

もっとも推奨される対応は、礼儀正しく相手に敬意を払いつつ、距離をとるということだ。**礼儀正しくすることは、親密になるよりも距離を保つ方向に働く。面倒な相手ほど、礼儀正しく接して、余計なことは言わず、一定の距離をとることが安全策なのである。**

家族であろうが同僚や上司であろうが、この方法は有効である。礼儀正しい対応を、相手はよそよそしいと感じるかもしれないが、形式的にであれ十分な敬意を表すことで、相手の攻撃を防ぐことにもつながる。

こちらが礼儀正しく接しているのに、万一攻撃を加えてくるようなことがあれば、それは、ハラスメント行為を明確に裏づけることになるし、状況によっては、侮辱罪や威力業務妨害罪といった刑法犯罪を構成することになる。

それは、あなたの問題ではなく、相手の問題であり、相手が墓穴を掘っていると思えばいい。出るところに出れば、困るのは相手のほうである。

孔子の知恵

価値観や常識が異なる人同士がせめぎ合うこの社会で、軋轢《あつれき》や衝突を最小限にするにはどうすればよいか。この難問に対して、一つの解決を与えたのが、中国の思想家・孔子である。

中国の動乱期、春秋戦国時代に生まれた孔子の思想は、二千数百年の歳月を経て、いまも受け継がれている。古臭い封建的な考えと切り捨てるのは簡単だが、社会を平和に維持するうえで、実際に有用であることが証明された折り紙つきの方法の一つなのである。そこには、人間性にひそむ攻撃性や破壊的な衝動をコントロールするための知恵があるのだ。

孔子が社会秩序の根幹として重視したのは、ひと言で言えば、礼儀である。礼儀というものは、社会的な立場や秩序をわきまえることによって、正しく使いこなすことができる。礼儀には、互いが共有されるルールがあり、それを守ることによって、同じ共同体のメンバーだと確認されることになる。

腹のなかでは何を考えているかわからない相手であれ、最低限の礼儀を守ることで、相手を同じ共同体の一員として、一定の敬意を示すことになる。

この最低限のルールの部分が、もはや共有できないとなると、あとは暴力か法律に則《のっと》って、問題を解決するしかなくなる。暴力は論外として、法廷で争うことも、ときには必要だろうが、その大きな手間や裁判のストレスで自殺してしまう人もいることを考えると、ほとんどの人は、そうした事態を避けたいに違いない。礼儀正しくふるまうことは、お互い人間として最低限のルールは守り、無用な争いは避けましょうねという暗黙の了解を確認しているのである。

こちらの都合や事情を伝える

自分を守るうえで大切なスキルの一つは、先にも述べた、事情を説明するということだ。ただし、その事情は、すべて本当のことを言う必要はない。相手は、自分の事情ばかり言ってくるだろうが、こちらの事情も伝える必要がある。

借金を頼みに来た友人は、大抵、こちらの懐具合を探るような話をするものだ。そこで、景気のいい話はご法度だ。相手も困っているかもしれないが、うちもローンの返済で毎月赤字なのをカードで穴埋めしているんだと言えば、諦めてくれるだろう。

事情を説明するスキルは、日々のコミュニケーションでも大切だ。あなたが仕事でくたくたに疲れて帰宅したとする。コミュニケーション・スキルの乏しい人は、ただ不機嫌に押し黙って、その日一日の疲労とストレスを、イライラした顔つきや家族に対する横柄な態度でしか示すことができない。家族のほうも、ただ腫れ物に触るように押し黙っているか、自分の部屋に避難するしかない。

コミュニケーション・スキルの高い人では、その日の出来事を話のネタにして、大変だったことや理不尽な思いを語ったり、上司や同僚の話をすることで、共感を得たり、苦労を分かち合ったりする。自分の話をするだけでなく、家族のほうの話も聞いて、そちらも大変だなと言えば、お互い癒やされる。

事情を説明することで、その人が、どんな仕事をどんな思いでやっているのかとか、その大変さが共有できるので、相手に対する思いやりや配慮も自然に生まれる。

グレーゾーンの人は、自分の事情を話すことが概して苦手である。せっかく聞いてくれているのに、「家でまで、そんな話をしたくないよ」とか「うるさいな」と、話すこと自体を拒否してしまう。

重荷を共有してもらえるチャンスなのに、とてももったいないと言える。愚痴なんか聞いてもらっても、言い訳をしているだけで、解決の役に立つわけでもないと思ってしまう。だが、実際には大いに役立つし、困難が生じたときこそ、家族の真価が問われる。

事情を伝えることは、自己弁護であるだけではなく、相手に対する思いやりでもある。理由もわからず不快な思いをするよりも、理由がわかったほうが、その苦痛はずっと小さくなるし、むしろ、力になりたいという気にもなる。

事情を説明する手間を省くことは、いわれのない不信感ばかりを増幅させ、寂しく、助けの少ない人生を自分でつくってしまうことになる。

自分がどうしたいかをあきらかにする

事情を説明することとも関係するが、自分が何を望み、何をしたいのかを正直に伝えることは、無用なトラブルや余計なお荷物から自分を守るだけではなく、結局は、自分の望む人生を実現することにつながりやすい。右に行きたいのか左に行きたいのかがわからないと、自分だけでなく、まわりまでトラブルに巻き込んでしまう。

たとえば、自宅を購入する場合も、漠然とした希望だけで物件を探すと、不動産屋さんを振り回した挙げ句、ローンが通らずにくたびれもうけに終わるというようなことになりかねない。予算がいくらで、間取りや駅からの距離など、ほかの条件も明確になっていれば、条件に合わない物件に労力を費やす手間が省けるぶんだけ、意中の物件に出会いやすい。いくらでほしいという希望がはっきりしていれば、案外、価格を下げてもらえたりする。こちらの都合をはっきり伝えることが、重要なのだ。

仕事でも、結婚でも、望みすぎなどと思う必要はない。自分の希望を明確にさえしておけば、いずれチャンスが回ってくることが多い。チャンスがないと嘆いている人は、自分が何を望んでいるかが明確になっておらず、それを周囲に伝えていない人だ。

人の褌《ふんどし》を借りてもいい

人間の能力の差など知れたものである。腕相撲の世界チャンピオンだろうと、三人がかりであれば、十分勝ち目がある。そして、実際の社会では、一人で戦わなければならないというルールなどない。多くの人の助けを得られる人が勝者になるのだ。

能力が高くても、自分の力だけでやることにこだわると、余計な苦労を背負い、遠回りをするか、下手をすると途中で夢を諦めてしまう。自分を守る能力が高い人は、助けを求めるのを躊躇しない。事情を説明するスキルを使って、手腕や情報やコネをもっている人に助けを求め、味方につける。

グレーゾーンの人は、概して、このスキルが弱い。**グレーゾーンの人がイジメに遭いやすい一つの要因は、いじめられたときに、助けを求められず、援軍が来ないため、イジメが長引いてしまうせいでもある。**

ASDがあっても、支援の先生に日ごろから守ってもらえるという安心感があると、イジメを受けることがあっても、すぐに先生に報告することができ、教師や親が介入して問題を素早く解決できるので、ダメージを負うこともない。

グレーゾーンの人は通常学級にしか所属していないことも多いため、特別な監視の目も行き届かない。誰にも相談できずに、つらい日々が続いてしまいやすい。体調が悪くなって学校を休むしか、逃げ場がないのだ。

ユングがつらい体験から学んだこと

精神医学者のカール・ユングは、ギムナジウム（大学進学のための中高一貫校）の生徒だったとき、学校が合わず、半年ほど休んだことがあった。

アフロ

父親は、小さな村の牧師で、村ではそれなりに敬意を払われたが、経済的な余裕はなく、ユング少年は、穴の開いた靴をすぐに新調してもらえないほどだった。

バーゼルのギムナジウムに通う子どもたちは、立派な邸宅と四頭立ての馬車を保有する裕福な家の出身者ばかりで、小遣いもたっぷり与えられていた。ユング少年は、次第に自分の家が貧乏だということを思い知るようになる。しかも、これまでは小さな村の小学校で秀才として通ってきたのに、ギムナジウムでは数学の成績が悪く、図画も下手すぎて、授業を受けさせてもらえないほどだった。

ユングは、こう回想している。「わたしは、数とはそもそも何であるかがまだまったくわからなかった。数は花でも、動物でも、化石でもなく、思い描けるいかなるものでもなく、数えることで生じる単なる数でしかなかった。……驚いたことにわたしは、自分のぶつかっている困難を理解する人が誰もいないことを知った」

ユングはどうやら軽度な算数障害や視覚空間認知の障害をもっていたらしい。ユング少年の自信はすっかり傷ついてしまった。

しかも、ユング少年は、そんな苦しい状況を誰にも相談できなかったようだ。母親はひどく不安定な人で、夫との関係も悪く、ユング少年は父親と同じ部屋で寝ていたくらいだった。牧師の父親に対しても、ユング少年は、父親の行う説教も含めて疑いの念を抱くようになっており、難しい葛藤が心に兆《きざ》していた。ユング少年は、学校だけでなく、家庭にも安全基地をもたなかったのである。

そんなある日、石段の上にいたユング少年は、生徒たちに突き落とされて、頭を縁石にぶつけてしまう。意識をしばらく失ったあとから、てんかんのような発作が起きるようになった。だが、内心、ユングは学校に行かなくてよくなったことを喜んでいたようだ。

この危機をユング少年は乗り切り、その体験が、のちの精神医学者を生み出す礎《いしずえ》ともなるのだが、それについてはのちの章で触れたい。

その後、ユングは復活を果たし、バーゼル大学医学部に進学する。ところが、大学二年生のときに、もう一度大きな危機が襲う。牧師の父親が亡くなったのだ。父親の死は、収入を失うことだけでなく、牧師館からの退去を求められることを意味した。一家はまさに路頭に迷うことになったのである。

医学部での勉強を続けることなど困難かと思えたが、最終的に親戚の支援を得て、借金で学費と生活資金を賄《まかな》うことになる。住む家も、親戚から借りることになったのだが、その家は、「お化け屋敷」という異名のある水車小屋で、母親と十歳の妹とともに、一家三人は、極貧の暮らしを送ることになる。

医学部を卒業したとき、ユングは三〇〇〇フランの借金を背負っていたという。現在の貨幣価値で数千万円に上る金額だったと考えられる。ところが、医師になったものの、精神科病院の給与は思ったより薄給だった。これでは借金返済どころか、母親や妹の生活費もおぼつかない。

そこにまた救いの神が現れる。妻となった女性エンマである。彼女は、裕福な工場主の娘であり、多額の持参金が約束されていた。しかも、エンマが十四歳のときにはじめて会った瞬間から、ユングは、彼女こそ自分の妻になる女性だと確信していたのだった。

それから六年後、医師となったユングは、エンマに求婚する。一度目は断られたが、二度目でOKをもらえた。それによって、ユングは素晴らしい伴侶《はんりょ》を手に入れただけでなく、借金地獄からも解放されたのである。

ギムナジウムの生徒だったとき、誰にも助けを求めることができなかったユングだが、多くの苦難を経て、他人の助力を得る術を身につけたと言えるだろう。

こうした例は、人は自分の努力だけで勝負する必要はなく、人の助けを得ることによって、希望はかなえられ、何十年もの苦労から逃れることもできるということを示している。自分を守るだけでなく、幸運を招き入れるためにも、人に頼り、助けを得ることは、とても大事なのである。

もしユングが親戚の援助を断っていたら、あるいは、多額の持参金目当てと思われることを嫌って、エンマ以外の女性を伴侶に選んでいたら（こうしたことは、生真面目に生きる人には起こりがちなのであるが）、ユングのその後の人生はまったく別のものになっていたに違いない。

合わないことはやめる

小学五年生のとき、わたしは珠算《しゅざん》を習うことになった。ほかの子が習っているという話を聞き、その珠算塾に通っていると、日帰り旅行にも連れて行ってもらえるという特典もあると聞いて、わたしはすっかりその気になったのだ。母も珠算三級をもっていて、暗算が得意になったということで、わたしが習いたいと言うと、一も二もなくOKが出た。

それで、さっそく塾に通いはじめたのだが、期待に反して、わたしは苦戦しはじめた。十級という一番やさしい級には合格したが、そのときも一問間違えてしまった。普通は全問正解するのだがと、先生は首を傾げた。

それでも、九級と八級の試験には、何とか合格できたものの、三桁くらいの掛け算が出てくる七級の試験で、まずつまずいた。普通は、これくらいの級なら、みんな一発合格するのだという。七級は再挑戦でどうにか合格できたが、六級はとうとう合格できないまま、わたしは珠算を諦めた。

わたしの発達特性の何らかの問題が、珠算の上達を妨げていたに違いない。

半年くらいの間だったと思うが、自分の能力に対する信頼は、あの体験でだいぶ傷つき、低下したように思う。珠算という限られた技能ではあるが、それが人並みにできず、先生が首を傾げ、なぜそんなこともできないのという顔をされると、自分がすっかりダメ人間になったような気もちになった。

半年でやめてよかったと思う。やめたいと言ったら、母もあっさりやめさせてくれた。もしもっと続けていたら、もっと自信をなくしていただろう。

珠算は苦手だったが、算数はだんだん得意になって、六年生のときには、三角測量への興味から三角関数というものを知り、数学の面白さに目覚めた。もし、珠算を無理やり続けさせられていたら、数字を見るのも嫌いになっていたかもしれない。

得意と苦手の差は紙一重だ。やりたくない、向かないと思ったときは、深追いせずにやめてしまうのが、自分を守るためには必要なのである。

逃げ出してもいい

習い事でさえ、はじめるよりもやめるのが難しい。ましてや責任がかかることとなると、そう簡単にやめられないということもある。それでも、人は重荷や責任を背負っているとき、ときどきそれを投げ出したくなるものだ。

わたし自身これまで何度か、学校や仕事を辞めてきた。辞めたのは、大抵そこが嫌になって、そこから自由になりたいと願うようになったからだ。それでも、生活のためや、仕事の責任といったことで、辞めるに辞められないという場合もあった。五年くらいそうした状況が続いたこともあった。そういうときは、自分がいつか自由の身になることを想像して、どんなにか気もちがいいだろうと思ったものだ。

辞めたことで何か言われるのではないかと、それが怖くて、辞めるのを我慢していたこともあった。だが、実際辞めてみると、ひどいことを言われるような目には一度も遭わなかった。素っ気なく送り出されたこともあったが、わたしの心は解放感にあふれていた。

嫌みでも言われると思っていたら、こちらが申し訳なく思うくらい、別れを惜しんでくれて、送別の宴を開いてくれたり、花束を贈ってくれたりしたこともあった。心のなかで、怖い存在だと思って恐れていた人から、心のこもった言葉をかけられて、自分がずいぶんと人間に対して悲観的な見方をしていたのだと、逆に驚かされたこともあった。

とはいえ、どんな送り出され方をしようと、辞めてそこをあとにするときは、とても爽快な気分だった。自分が縛られていたものから解放され、これから先、どんな運命が待っているかはわからないにしろ、ずっと我慢してきた欲望を遂げるような、ある種のエクスタシーと高揚感を味わったものだ。

人は嫌なことから逃げてもいいのだということは、どんな人権よりも大事なことに思える。**何かをする自由と同じかそれ以上に、何かをやめたり、投げ出す自由を人はもっていい。**逃げること、やめること、拒否すること、それは、その人の自由と主体性を裏づけるものだ。

身を捨ててこそ浮かぶ瀬もあれ

Fujifotos/ アフロ

臨床心理学者の河合隼雄は、丹波《たんば》篠山《ささやま》の歯科医の家に生まれた。母親は師範学校を出て、結婚まで小学校の先生をしていた人で、ヴァイオリンを弾いた。河合が、のちに音楽に親しんだのは、幼いころからの環境も影響したのだろう。

優秀な兄が何人もいて、それに埋もれるように育ったせいか、内気で、泣き虫な子だったという。幼稚園の入園式でも、ほかの子の輪に入っていけず、母親のそばから離れなかった。ほかの兄弟が外で遊んでいても、家のなかで本を読むのを好んだ。運動は苦手で不器用だったが、勉強は得意で、数学も国語もよくできたという。ただ、英語だけは苦手だった。

場をわきまえないところがあり、教師が何か言うと、「知ってるわ！」と生意気な口を利くので、教師からは嫌われてしまった。おかげで、内申点が悪くなり、絶対受かると思われていた姫路高校を不合格になってしまう。

やむなく河合は、専門学校（神戸工業専門学校）に進んだ。それは、当時の制度では大学進学の道を断たれることを意味した。河合は、専門学校を辞めて、高校に入り直すことも考えたが、再受験しても、高校に受かる保証はない。

ところが、思いがけないことが起きる。日本が戦争に負けて、戦後、制度が変わり、専門学校からでも大学を受験できることになったのだ。河合は、専門学校に通いながら、大学受験に的を絞って準備をした。河合にとって、高校を滑ったことは、よほどショックだったようだ。

河合は京大に進むことにこだわった。高校受験の失敗を、京大に合格することで、リベンジしようとしたに違いない。京大だったらどこでもいいと、一番入るのが簡単だった鉱山学科を受けることまで考えたが、結局、数学が得意だったので、数学科を受けた。そして、合格したまではよかったのだが、それは新たな試練のはじまりだった。

数学科で学ぶ数学は、高校までの数学とは異なり、意味不明の純粋数学だった。教授が、黒板に向かってぶつぶつ言いながら問題を解くのを、ひたすらノートに写すが、あとで見返しても、さっぱり理解できない。しかも、数学科の級友はあまり話をしない人ばかりで、教室にいてもちっとも楽しくない。河合は、進路の選択ミスだと悟ったが、いまさらどうすることもできない。ついには、休学してしまう。将来の希望もなくし、人生で一番暗黒の時代だったという。

そんなとき、河合の支えとなったのは、学生オーケストラでの活動で、河合はフルートを吹いた。ずっとあとの話になるが、何かの折に、河合の吹くフルートの演奏を聞かせてもらったことがあるが、素人とは思えない腕前だったのを覚えている。忙しいなか、フルートの演奏をずっと続けておられるということにも感心させられた。

休学中、河合はもう一度数学を勉強し直したという。ある程度、理解できるようになったものの、三流の数学者にならなれるかもしれないが、一流の数学者になるのは無理だと結論づけた。彼は、アルバイトで塾の講師をするようになっていて、教えることに興味を持ちはじめていた。それなら高校の教師で一流になってやろうと思ったという。そのためには、とりあえず大学を卒業しなければならない。

その決意のもと、河合はどうにか京大数学科を卒業し、高校教師として就職した。それで人生が一度に楽しくなったという。まるで水を得た魚のように、河合は教えることに熱中する。そこで妻となる女性にも出会う。やがて、教えることだけでは飽き足らなくなって、心理学を学ぼうと、京大の大学院に通いはじめる。そこから、河合のチャンスが広がることになった。

数学の道にこだわっていれば、臨床心理学者・河合隼雄は存在せず、どこかの大学で万年講師をする、冴えない大学教員で終わっていたかもしれない。空也上人《くうやしょうにん》の「身を捨ててこそ浮かぶ瀬もあれ」という言葉のように、大きな転機では、人間は何かを捨てないと、新たなチャンスが開けてくることもないのである。

わたし自身、似た経緯をたどったと言えるかもしれない。最初の大学を辞める決心をしたときの解放感や、精神科の臨床をやりながら、先輩に誘われるままに、京大の大学院に実験をしに通い出したときの、世界が開けていく感覚を思い出す。

自分を守るスキルを高めるには、カウンセリングとともに、専門的な対人スキルトレーニングやアサーショントレーニング[*6]が有効である。人に気を遣いすぎたり、顔色に支配されやすい人は、拙著『不安型愛着スタイル』[*7]が参考になるだろう。

また、合わない環境と適応障害を起こしたり、自分の人生が迷走してしまったりしたときにも、カウンセリングが役に立つが、その場合、ただ専門家から答えをもらおうとするのではなく、時間がかかっても、自分のなかで少しずつ答えを明確にしていくことが、本当の成長につながる。

第6章

こだわりと白黒思考から自由になる

その人を縛るルールやこだわり

人は同じことを繰り返そうとする習性があるが、グレーゾーンの人は、その傾向が強く、同一パターンの行動を繰り返す傾向やこだわりがしばしばみられる。同じ行動パターンを繰り返すことは、安心感を与えてくれるし、生活リズムを生み出す原動力にもなるが、ときには大きな支障になることもある。

ことに、共同作業や共同生活の場である家庭や学校、会社といった共同体においては、異なる習慣やルール、行動パターンや常識をもつ人が一緒に活動することになるので、当然ながら軋《きし》みや齟齬《そご》を生じることになる。

通常は、発言力をもつボス格の人物が、そのグループのルールを決めて、それに従うようにほかのメンバーにも、直接的にもしくは間接的に圧力をかける。**グレーゾーンの人が、目をつけられて、イジメのターゲットになりやすいのも、周囲のルールにうまく合わせられず、周囲をイラつかせるからでもある。**

近い距離で、長時間生活を共にする家庭において、問題はさらに深刻になりやすい。

妻のルールと夫のルールが大きく異なっている場合、どちらかが、相手に合わせることで、何とか平和を保とうとするが、それなりにストレスを受けることになる。どちらもが、こだわりの強い頑固な性格だったりすると、ルールをめぐる争いが頻発し、お互いが消耗することになる。家庭内で起きている問題のかなりの部分が、じつは、お互いのこだわりをめぐる争いなのである。グレーゾーンの人とその家族は、そうした軋轢やトラブルに苦しみやすい。

問題は、夫婦間だけでなく、子育てにも及ぶ。自分のルール通りにしていないと、つい口うるさく注意してしまう。子どもがグレーゾーンで、こだわりが強い場合、親は、日々そうしたストレスを感じることになる。

それでも、相手が子どもであれば、特性として理解することで、ある程度受け入れることもできる。もっと**厄介なのは、親側にグレーゾーンの課題があり、自分の特性を自覚しないままに子どもに指導してしまう場合である。**躾《しつけ》という名のもと、自分のルールや基準を押しつけてしまっていることも多い。行きすぎると、ときには虐待の様相を帯びることになる。

子どもは、小さいうちには親のルールに従わざるを得ないが、思春期・青年期ごろから、親のルールを押しつけられることに反発しはじめ、親子間の緊張が高まるようになる。それまで自分のルールに従ってくれるわが子を「よい子」と感じていた親は、自分のルールに逆らうようになったわが子の豹変ぶりに狼狽《うろた》え、怒り、「いつからそんな悪い子になったのか」と罵《ののし》る。

こうしたルールの違いを自覚することは、ある意味、自立を促進することにもなるのだが、昨今では、自立までの期間が長くなりがちで、親子双方が感じるストレスや違和感も募《つの》りやすい。親がルールを決めて、それを子どもに押しつけるのが通常だが、大きくなった子どもが、同じようにこだわりの強い傾向をもつと、今度は、親に自分のルールを押しつけてくることも起きる。

子どもと同居することがストレスに

Cさんは、最近、動悸や息苦しさを感じるようになった。そのきっかけは、どうやら、息子が会社を休職して、実家で一緒に暮らすようになったことだった。

息子が、会社が合わずにしばらく休むようになったとき、都心のワンルームマンションで一人で暮らすよりも、実家で一緒に過ごすほうがよいのではないかと、提案したのはCさんのほうだった。思えば、息子は中学から全寮制の中高一貫校に進み、自主独立でやってきた。そのぶん、甘えさせてやることも母親らしい世話も足りていなかったに違いない。

そうした思いから、Cさんとしては、親元を早く離れて暮らしたぶんを、いまこそ取り戻せるのではないかと考えたのだ。

しかし、いざ暮らしはじめると、離れている間に、小学生までの息子とは別人であることを、思い知らされることになる。わが子とはいえ、まったく別のルールをもち、しかも、それをこちらに強要してくるのだった。鍋の洗い方や布巾《ふきん》の絞り方まで、細かくチェックして指導してくる。

最初は、その細かい気配りに感心しながら、笑って聞いていたCさんだったが、そのうち、「この前、教えただろう。何度教えたらわかるんだ！」と血相を変えて怒鳴《どな》りつけてくる息子に、また怒られないかとビクビクするようになった。逆らわずに、「ごめんなさい」と息子の指導に従いつつも、こんなはずではなかったのにとの思いを禁じ得なかった。次第に息子と同じ空間にいるだけで、体が緊張し、頭痛や動悸がするようになってしまった。

Cさんは、息子が会社でうまくやれなかった原因の一つは、このあたりにあったのかと、納得がいく思いがすると同時に、息子が小さかったころのことを振り返ってみて、母親の自分が、息子に同じことをしていたのではないかと気づき、ぞっとしたのだった。

発達特性は、もって生まれた部分が大きいのだが、意外に、育てられ方のなかで、それが強化されてきたという面もある。というのも、親の遺伝的特性は、遺伝子というかたちで子どもに譲り渡されるだけでなく、子どもに対する親のかかわり方という行動を通して、教え込まれるのである。遺伝要因と思われているものには、じつは、遺伝子を介した影響よりも、養育態度（育て方）を介した影響が大きいことを示唆する研究も出ている。

自分のこだわりを押しつけない

こだわりや執着の強さは、優れた業績や成功の原動力となることもあるが、多くの不幸や生きづらさの原因ともなる諸刃《もろは》の剣《つるぎ》でもある。

人とうまくつき合っていくうえでの基本は、自分のこだわりを人に押しつけてはいけないということだ。自分の生活や自分の領域内でこだわりをもつことは、一向にかまわないが、それが他人の領域に及んでしまうと、大きな害をなしはじめる。たとえそれが、自分のパートナーや子どもといった家族であろうと、自分のこだわりを押しつけることは、将来の禍根《かこん》を生みかねない。

世間的には尊敬を受けるような人物が、必ずしも家族にとっては、よい伴侶や好ましい親とは言えず、ぎくしゃくした関係に苦しんだり、孤独な末路をたどることになったりするのも、この過ちを犯してしまうせいである。

その人のルールや基準は、あくまでその人のものであり、自立するということは、その人自身のルールや基準を手に入れるということである。自分のこだわりを押しつけるということは、他人の自立を侵害することであり、いずれ反発を食らうか、相手を病ませてしまうことになる。

誰もが、人を思い通りにしたいという誘惑をもつ。思い通りにならないとストレスや怒りを感じる。こだわりの強い人では、相手を支配しようとしている自覚なしに、相手をいつのまにか縛ってしまう。相手は、愛情や遠慮ゆえに忍耐し、受け入れていても、当然のように繰り返されると、やがて限界が来て、嫌悪感や反発、さらには憎悪にまで変わり果てることも少なくない。

相手の身になって考える習慣

こうした事態を防ぐために重要になるのが、相手の身になって考える共感力であり、相手の気もちを汲み取るメンタライゼーションと呼ばれる力だ。

こだわりが、深刻な対立にまでなり対人関係を破壊してしまうのも、メンタライゼーションの弱さとこだわりの強さが、しばしば併存してしまうためである。

メンタライゼーションを鍛え、相手の立場で事態を眺める習慣をもつことが、自分視点にとらわれ、相手が嫌だと感じていることを意図せずして押しつけてしまうのを防ぐことになる。

こちらがいくら面白いと感じている話題であろうと、相手は不快に感じたり、退屈だと思っていたりすることもある。メンタライゼーションを高める第一歩は、相手の反応をよく見ることである。

たとえば、相手の心理を把握することが重要な仕事である心理カウンセラーは、相手の反応を何一つ見逃すまいと、全神経を凝らして、相手と対峙する。

対人関係でトラブルが多い人ほど、相手をあまり見ていない。見ていないので、相手がノーのサインを出しているのに、相手の気に障るようなことを話し続けてしまう。どんなことが起きるかは言うまでもない。

そうした失敗がない人では、相手をよく見ているので、少しでも眉間にしわが寄ったり、目元が曇ったりすれば、すぐさま言い方を修正するか、相手に応じた対応をする。

正しさを優先するか、気もちを優先するか

ルールの違いという点で、しばしば共同生活に支障をきたすのは、表面的なルールの違いだけでなく、ルールの根本的な基準が違っている場合だ。

たとえば、スポーツには定められたルールがあるが、それらのルールの土台となる根本的な価値観として、フェアプレイの精神というものがある。それが共有されてはじめて、ルールは、尊ぶべきものとしての意味をもつ。

しかし、その土台となる価値観が異なると、元寇《げんこう》のときの元軍と日本軍との戦いの

ように、ちぐはぐなことが起きる。日本軍は、戦いの前に名乗りを上げ、おもむろに口上を述べてから、攻めかかるのを戦の作法としていた。ところが、元軍は、名乗りを上げている途中だろうが、弓を射かけて、無防備な武将を、容赦なく殺してしまった。日本側にすれば、これは作法をわきまえない、卑怯なふるまいということになるが、元軍からすれば、戦の場で、わざわざ敵の的になるような真似をするほうが愚かだということになろう。

敵を殺し、勝利するという実利を優先する考え方と、武士としてふさわしいふるまいや品格を重視する考え方の違いが、その根底にはある。グレーゾーンの人と周囲の人との間で起きる軋轢も、それとどこか似ている。

グレーゾーンの人は、正しさや数字や結果といった、明白に表されたものに価値を置く傾向がある。それゆえ、気もちや努力やプロセスといった、あいまいでつかみどころのないものには、あまり関心を向けない。

法的な正しさや科学的な真実、数字で表された業績や金額、勝敗や順位といった結果に比べると、人々の思いや熱意、人と人との間で繰り広げられる苦悩や葛藤、敗者が流した涙といったものは、副次的な産物や背景に過ぎない。

正しさに価値を置き、それを優先するか、人の気もちに価値を置き、それを優先するかで、まるで世界の見え方も、行動のルールも違ってくる。どうしてこんなに食い違うのかという場合には、根本的価値が異なるため、心を動かすところも、突っ込むツボもまったく違っていることが多いのである。

たとえば、あなたが、上司に仕事を押しつけられたと、友人に愚痴をこぼしたとする。正しさに注意を向ける人は、それはパワハラではないかという点にばかり目が行き、ハラスメントの相談窓口に駆け込むべきだといった対応を一生懸命アドバイスする。その助言を真に受けて、その通りの対応をすると、大抵、上司との関係が悪くなるだけでなく、社内での居心地も悪くなり、結局退職することになったりする。

気もちに注意を向ける人は、大変だったねと労《ねぎら》いながら、自分もそういう目に遭うことがあると共感を示したうえで、上司がどういう事情で仕事をふってきたのか、よくそんなことがあるのかを聞いていく。上司の性格や両者の関係を踏まえて、上司の心境や会社の事情にも目を向けながら、ほどよい対応を探っていく。

大抵は、愚痴を聞いてもらうことで、たまっていたストレスも和《やわ》らぐし、状況を客観的に理解することで、怒りが収まることも多い。

前者の対応は、権利の侵害といった法律的な観点で状況をとらえ、加害者と被害者という対立の構図で事態を理解しようとしている。そのため、どうしても、対立や葛藤が和らぐどころか、先鋭化《せんえいか》していく。それに対して、後者の対応は、気もちという点に注意を向け、不満を訴えている人だけでなく、相手や周囲の事情にも目を注ぐことで、むしろ寛容に事態を受け止められることを助け、心の平安や関係の改善を促進する。

共感性を備え、心理的、社会的に成熟した人では、そうした対応を自然にとることができるが、グレーゾーンの人は、しばしば対立構造で事態を受け止め、反撃することと解決することを混同してしまう。反撃は解決になるどころか、事態をしばしば悪化させてしまう。

正しさにこだわる人では、相手が不当なことをしているとか、こちらを攻撃しているといった一面的な受け止めになりやすい。事情を汲んだり、気もちを理解したり、相手の立場で考えたりという観点が抜けてしまうのだ。

正しさにこだわっていると気づいたら、自分の考えが狭くなっていないか、見直したほうがよいだろう。**正しいことにこだわる人ほど、正しいものは一つだけだと思い**

がちだが、どんなものも正しい面もあれば正しくない面もあるというのが現実だ。

相手の言い分が正しいか正しくないかではなく、その背後にある気もちや事情にも目を向けてみよう。正しさにこだわる人は、自分の正しさと相手の間違いを証明することにばかり関心が向きがちだが、相手が求めているのは、気もちをわかってほしいということだけだったりする。

言葉の使い方や細部にこだわってしまう

正しさを優先する人は、同じであることよりも違う点に注意が向きやすい。言葉の使い方一つとっても、些細なニュアンスにこだわりやすい。

こだわりの強い息子が、珍しく台所仕事を手伝ってくれたので、母親が「ありがとう」とお礼を言うと、「その『ありがとう』っていうの、なんか違和感あるよな。それって、おれがふだん何もやっていないってこと?」と、噛みついてきたという。

自分が使った言い回しと、違う言い回しをされたりすると、それだけで違和感を覚え、「そんなことは言っていない」と、相手の言ったことをはねつけてしまう。そんなことが重なると、まわりは、何も言えなくなってしまう。

言葉や言い回しが正確かどうかということにばかり注意が行き、相手が伝えたい気もちのほうには関心を向けない。正しいかどうかにこだわることで、相手の気もちをないがしろにしていることには気がつかないのである。

言葉はしょせんシンボルであり、どんなに正確さにこだわったところで、気もちや感情とは異なるものである。気もちをわかるとは、言葉を的確に使うことによってではなく、どんなに稚拙《ちせつ》な言葉であろうと、そこから思いを汲み取ることによってしかなしとげられないのである。

外国人女性と結婚した知人が、言葉が上達して、奥様とのコミュニケーションがかえって難しくなったとぼやいていた。いままではお互い言葉の壁があり、細かいニュアンスまでうまく伝えられず、そこは大目に見てくれて、いいように解釈してくれていたのだが、言葉が自由に使いこなせるようになると、お互いのズレに気づくようになり、これまで相手のことを理解していなかったことまでバレてしまったというのだ。

この事態は、普通のカップルにとっても、笑いごとでない。関係がぎくしゃくしはじめたとき、話せば話すほど考えの違いにばかり目が行き、ますますミゾが深まっていくということになりやすい。これは、お互いの言葉を気もちで補っていたのに、気もちのない言葉で議論すると、違いばかりが浮き彫りになってしまうためだ。この悪循環から脱する方法はただ一つ、どちらかが潤滑油の役割を引き受け、たとえ言葉に違和感があろうと、そこは流し、相手が伝えたい思いにだけ耳を澄ませることだ。

白か黒かにとらわれない

正しさや正確さへのこだわりと、密接に関係しているのは、グレーゾーンの人が陥りやすい二分法的思考（白黒思考）だ。発達や愛着に課題のある人は、白か黒かどちらか一方でなければならないと考えがちだ。だが、現実は、白も黒も混じっている。むしろ灰色のことのほうが普通だ。

同じ人であっても、さまざまな面をもっているし、そのときの事情によって、違う面が出てくることも普通だ。その人自身に心に余裕がなかったり、体調に問題があったりすれば、ふだんは優しく親切な人であっても、素っ気ない反応が返ってくることもある。前のときには、とても熱心に話を聞いてくれたのに、次のときには、少し冷たい反応が返ってくるということもある。その場合、対応に一貫性がないとか、急に冷たくなって、信用できないと感じたりすることもある。

優しく親切なときが、何回も続いていたのに、今回だけ少し態度が違うという場合、それをどう受け止めるかは、その人のもつメンタライジング（相手の気もちを理解すること）の能力によって大きく左右される。

優れたメンタライジングの能力をもつ人は、相手がストレスや疲労、体調面の問題を抱えていて、きょうは余裕がない状態なのかなと思い、相手にあまり負担をかけたり、困らせたりしないように配慮し、込み入った相談は別の機会にしようと考える。

しかし、メンタライジングが弱かったり、余裕がなくて切羽詰まっていたりすると、相手の事情などおかまいなしに、自分のことに執着し、それに満足な反応を返してくれない相手に対して、怒りや不信感をもってしまう。思わず怒りから相手を責めるような言い方をしてしまい、相手にも余裕がないため、そのことに優しく返すことができず、いままでにないような反撃が返ってきたりして、ぎくしゃくした関係になってしまう。

これまで何回も、何十回も積み重ねてきた信頼関係や協力関係も、たった一度、相手の反応が、その人の意に反するものであっただけで、不信感や怒りに変わり、もう信用できないとなってしまい、ときには関係を終わらせてしまう。これまで、どれほど恩恵を得ていようと、その点は忘れられてしまうのである。

それは大きな損失だ。二分法的思考は、人生を寂しく、貧しいものにする。そうではない生き方をする場合との差は、人生が後半になるほど際立ってくる。

相反する視点を併せもてるようになる

よいか悪いか、一方の視点だけしかもたない段階から、よい点も悪い点もどちらもありのままに受け入れられる段階に行き着く中間の段階として、二つの視点が併存する段階がある。

理学療法士のBさんは、先輩のFさんが苦手で、最小限の言葉しか交わさないようにしていた。というのも、Fさんは、気もちよりも正しさにこだわるタイプで、相手の気もちなどおかまいなく、間違いを容赦なく指摘し、論破するところがあったのだ。

ところが、あるとき、Fさんのほうから話しかけてきて、Bさんの仕事の進め方について、こうしているけどそこはどうなの、と指摘してきた。とうとう来たかと、最初は身構え、どうかわすかしか頭になかったが、話を聞いているうちに、Fさんの指摘は正鵠《せいこく》を射《い》たもので、悪意があって指摘しているというよりも、親切で教えてくれているようだった。しかも、参考になればと、自分の本を貸してくれたり、助けになりそうなことを買って出てくれたという。

Bさんのなかでは、それまでFさんは嫌で苦手な人でしかなかったのだが、自分の思い込みとは別の面があると知って、意外さに驚くとともに、混乱した。

白黒思考の傾向が強いBさんは、これまで、この人は嫌なタイプだと思うと、その評価しかもてず、別のよい点があるという見方を同時にすることなどなかったのだ。

BさんがFさんのよい点を受け入れられたということ自体、Bさんのなかで、白黒思考が弱まり成長が起きていたことの表れだろう。以前のBさんなら、意見されたことに腹を立て、相手の言い分がどんなにもっともだろうと、受け入れる気にはなれなかったからだ。

二分法的思考を克服する

一人の人に対しても、嫌な面もあれば、優れた面もあるということを、どちらも受け止められるようになることが、成熟した視点獲得への一歩となる。

争いやトラブルだらけの、可能性の狭まった人生ではなく、人と気もちを共有し、助け合うことで、新たな可能性が広がっていく人生を望むならば、二分法的思考を克服することがとても大切になる。

では、どうやって克服すればよいか。目指す先は、大きな視点をもてるようになるということだが、それがすぐにできるようになるわけではない。その境地に行きつくためには、それなりの修業が必要である。

その修業は、**メンタライジング（心を理解すること）を鍛えること、つまり、自己視点を離れて、物事を眺める習慣を身につけること**によってである。メンタライゼーション・トレーニングは、最近では、心理療法としても行われるようになっている。

相手を責める、誰かを非難する、怒り口調になる、感情的な言い方をする、正しさや間違いにこだわる、見下した目で見る、といった状態のとき、その人は、一面的な自己視点にとらわれている。相手の気もちや事情も、大きな視野で見た客観的な状況も、目に入っていない。

相手を責めるといった行動を自分が行っていることに気づいたら、そのときがチャンスだ。相手に非があるとして責めているが、中立的な立場のジャッジがいて、この状況を見たらどうだろうか。相手に百パーセント非があると言うだろうか。こちらにも非は少しくらいないだろうか。相手の言い分にももっともな点はないだろうか。誰にもどうすることのできない不可抗力の問題が案外大きくはないのだろうか。そんなふうに中立な視点から事態を見直してみる。

あるいは、相手の視点に立って、事態を見直す。相手の反応や行動を、相手の立場で考える。相手はどういう思いでそうしたのか。何か事情があったのではないのか。

もちろん、メンタライジングの回路が未発達なうちは、視点を変えることは、とても難しいことで、まったく実行できないのが普通だ。そこで、**最初は、うまくできなくてもいいので、そのときの状況やどう受け止めたかの記録からはじめて、あとから振り返って、そのときの相手の気もちや客観的にみた状況を考える。**

継続的に取り組むためには、専門のカウンセラーなどのサポートも必要だろう。続けているうちに、次第に新たな回路が生まれ、これまでと違う反応がみられるようになる。メンタライジングが鍛えられるとともに、次第に冷静に、状況や相手の気もちを読み取り、それに沿った言葉を返せるようになっていく。

メンタライジングを鍛えることを長年怠ってきたのだとすれば、それを取り戻すしかない。日々修業と思って取り組もう。

想定外なこと、意に反することが起きたとき

グレーゾーンの人が、我を忘れたり、怒りにとらわれたり、不機嫌になったりするとき、大きく分けて二つのことが要因となっていることが多い。一つは、予定外なことや想定外なことが起きている場合で、もう一つは、自分の意に反することや自分のルールに反することが起きたときだ。どちらも自分の期待に反することだとも言える。

それまで冷静で穏やかだったのに、急に顔色が険しくなり、突然感情的になったり、大きな声を上げたり、衝動的な行動に走ったりすることもある。自分のなかの秩序が乱されたことで、気もちのバランスがとれなくなり、それに対して、怒りや混乱を生じてしまう。ここにも二分法的認知がかかわっている。

ルールが守られるか、破られるか、二つに一つしかないのだ。少しぐらい大目に見るということが難しい。

生物学的な特性もかかわっているので、ケースによっては、なかなか手ごわい場合もあるが、大部分は改善できる。脳は成熟していくし、自分の課題として自覚し、改善しようとする意欲さえもてれば、改善可能だ。障害が重い場合には、問題としての自覚が困難であるため、周囲が配慮するしかない。

パニックを克服する7つの段階

対処の第一段階は、引き金に気づき、そうした事態に遭遇しないように配慮することだ。これは本人の自覚や改善意欲が乏しい場合でもできる。急な予定の変更、予期しない出来事、一人で置いておかれること、疲労や空腹、大きな音など強い感覚刺激、痛み、睡眠不足といったことも要因となる。

第二段階は、もっと安全な代替行動や気もちを落ち着かせる対処行動を学び、練習することだ。最初は、周囲が指示するとよいだろう。冷たい水を飲む。顔を洗う。トイレに避難する。拳で太ももをたたく。手を握る。頓服薬を飲む、など、いくつかのレパートリーを準備しておくとよいだろう。

第三段階は、自分の課題だということに気づくことだ。自覚される前の段階では、まわりが嫌なことをしてくるとか、悪いことが起きてしまったという具合に、自分の秩序をかき乱すまわりに原因があり、自分に苦痛を与えているとしか受け止められない。そして、あとは、ただ怒りや恐れや不安に圧倒され、我を失ってしまう。

しかし、メンタライジングが改善し、視野が広がり出すと、自分の反応が少し過剰かもしれない、そこまで恐れや怒りを感じなくてもよいことかもしれないと、思える瞬間が出てくる。地団駄を踏むほど腹が立ってたまらなかったことや、恐怖や不安に身を震わせたことも、少しやりすぎたという恥ずかしい気もちとともに、冷静に振り返るようになる。

成人では、この段階から取り組みがはじまる場合もあり、第一段階、第二段階がそれに続く。

第四段階は、起きている事態について、やり取りすることである。グレーゾーンの人では、強いストレスを受けると、コミュニケーションが停止してしまい、それが暴発的行動の原因にもなる。「そんなの困るよ」「～が嫌だよ」と気もちや怒りを言葉にできるだけでも、暴発のリスクを減らせる。

まわりは、「どうしたの?」「びっくりした?」「突然で、困るよね」など、状況を言語化するのを助ける。それから、原因になったことについて話したり、どれほど困るか、どうすればいいか、いい対処法はないのかといったことについて、やり取りする。こうしたやり取りは、健全な対処行動であり、この段階までこられると、だいぶ進歩したと言える。

第五段階は、自分の助けとなってくれる人がそばにいない場合も有効な方法で、自分のことを一番わかってくれる人の顔や反応を思い浮かべたり、自分に言葉をかけたりすることだ。

自分のことを支えてくれている家族や医師、カウンセラー、可愛がっているペットの顔を思い出す。この状況を、彼らがいま見ていたらと想像してみる。どんな言葉をかけてくれるか、次に会ったときどんなふうに報告するか、どんな反応が返ってくるか、想像してみる。

安心のよりどころになる存在を思い起こすだけで、切羽詰まった気もちは和らぎやすい。自分に言葉をかけて、自分を落ち着かせたり、対処法を自分に指示したりすることは、パニックになることを防ぐ。

第六段階は、自分の状況を客観的な視点で、眺めることである。たとえば、空中に浮かんだところから、この状況を眺めていると想像する。予定を急に変えられたことで、パニックになりそうになっているのだと、自分の状況を説明しながら、でも、断ればいいだけの話だと、言い聞かせる。イライラするのも当然な反応で、それもやがて薄らいでいく。ずっと続くわけではない。だから大丈夫と、繰り返し言い聞かせる。

第七段階は、この事態の原因になった人の身になって考えることだ。どうしてそうしなければならなかったのか、その事情を考えてみる。自分のことを考えていないとか、自分勝手だとか、こちらを困らせている悪いやつだといった考えはいったん置いておく。何か事情があってそうせざるを得なかったのであり、自分のことを痛めつけようとしたわけではないのではないか。ここで自分が怒りや混乱を爆発させてしまうと、相手はどれほど傷つき、つらい思いをするか。そうしたことを考えてみる。

これらの方法は、必ずしもこの順番で取り組む必要はなく、使いやすいものを使えばいい。こうした対処法が身についてくるにつれて、動揺することなく、苦手な事態にも対処できるようになっていく。

どうしてもパニックがコントロールできないという場合は、薬を使うことも一つの選択肢である。精神安定剤のリスペリドン、気分安定薬バルプロ酸ナトリウム、SSRIのデプロメール、漢方薬の抑肝散《よくかんさん》などが有効なことが多い。

ときにはうまくいかないことがあっても、あまり気にしないことも大事だ。どんな人だって、取り乱すこともある。完璧である必要などない。

ハンドルを握ると人が変わってしまうGさん

グレーゾーンの人は想定外のことや自分のルールに反することに対して過剰反応してしまいやすいが、そうした状況が頻繁に起こりやすく、しばしばトラブルにもつながるのが、車を運転しているときである。

三十代の男性Gさんは、高等学校の先生をしており、ふだんは温厚で、周囲からも信頼される人物である。だが、結婚してみて、奥様はまったく違う顔を見せられ、驚くことになった。その最たる瞬間は、車の運転をしているときで、ルールを守らないほかの車に対して、絶えず怒鳴り声を上げ、文句を言い、クラクションを連打する。相手が悪くても、トラブルになりはしないかと、奥様はいつもひやひやだった。

Gさんには、こだわり症や感覚過敏な傾向もあるが、もちろん現役の教師として、仕事はうまくこなせているのだから、障害レベルの問題とまでは言えない。

しかし、それ以外のときにも、意に反することや予定外のことがあると、黙り込んでしまったり、体がフリーズしてしまうこともある。奥様の体調にも影響が出ているとのことで、カウンセリングと認知行動療法を受けることになった。

本人の記録と奥様の記録を突き合わせながら、一つ一つのエピソードを丁寧に振返る作業をする。そして、ワンポイントだけ対処の方法をアドバイスする。たとえば、今回は、困ったことが起きたとき、黙ってしまわないで、なんでもいいので状況や気もちを説明する言葉を出してみましょうと、課題を決め、取り組んでもらう。

心理教育も大切で、たとえば、声の大きな、攻撃的な言葉を、女性は不快に感じ、そうした言葉や声を発する人に対して、生理的な嫌悪を感じるようになってしまう。奥様はGさんのことを尊敬し、大切に思っているのに、その気もちも変わってしまうかもしれない、といったことを教えることで、自分の行動に注意と変化を促すのである。

こうした対処を重ね、トラブルはめっきり減っていった。

パターンを変えることが可能性を広げる

決まった行動パターンを維持することは、安全である反面、そこに固執すると、自分の可能性を狭めてしまう。**同一行動パターンを好むタイプの人は、意識的に行動パターンを広げることで、適応力が高まるだけでなく、人生の可能性や人間としての幅も広がっていく。**

ＡＳＤ傾向の人をはじめ、グレーゾーンの人は、とくに子どものころ、偏食や好き嫌いで苦労したという人が多い。偏食は、大人になるにつれて改善することが多いが、食事の幅が広がっていくことは、ほかの行動面での広がりともリンクしていて、社会性や柔軟さという点でも進歩がみられる。大人になっても偏食が激しい人は、ほかの面でもこだわりが強く、適応に苦労しがちである。

食べることに限らず、行動パターンや関心を限定せずに、新しいものにもチャレンジすることは、長い目で見ると、人生の可能性を拡大する力をもつように思う。人から強制されて、嫌いなことや関心のないことを試すというのは苦痛が大きく、成果も期待できないが、自分からチャレンジする気もちをもって、新しいことを試みることは、大きな変化のきっかけにもなる。

行動が変わると中身も変わり出す

M子さんは、グレーゾーンの発達課題があり、過敏で、引きこもりがちな三十代はじめの女性である。自分に自信がなく、人目を気にして、何事も遠慮がちで、おどおどした印象が強かった。

そのM子さんが、ある日、鮮やかな色に髪を染めて現れた。生まれてはじめて髪を染めたとのことだった。これまでは同じことをするのが安心で、新しいことをすることにはすごく抵抗と不安があった。コンビニのホットスナックを買ったりすることも、いつもと違うことなのでできなかった。でも、そんな自分を少し変えてみようと思ったという。「形から変えたら、何か変わるかなと思って」

だが、M子さんが変わったのは、外見だけではなかった。自分の考えをきちんと話したり、美術展に出かけたり、本を読むようになったり。

「誰にも気づかれないよう生きていくのがいいと思っていたけれど、自分はこんなふうに感じながら、ここにいるって言ってもいいんだと思えるようになって」

主体的で、積極的な生き方が、外見の変化ともリンクしていたのである。

二分法的思考の改善には、認知行動療法[*2]やマインドフルネス[*8]がおすすめである。ただ、愛着の課題や心の傷も併存している人では、自分の非を指摘されると、自分自身を否定されたように感じてしまい、落ち込んだり、反発を感じてしまって、自分の課題に向き合うのが難しい。そうしたケースでは、弁証法的行動療法[*9]やMBT[*10]、筆者の開発した両価型愛着改善プログラム[*11]など、視点の切り替えを促し、メンタライゼーションに働きかけるアプローチが必要になる。

第7章

不安やネガティブな感情に対処する

不安が劇的になくなった人に共通すること

不安を感じるのは性格や生まれもった気質で、変わらないと思っている方も多いだろう。だが、何をするのも不安で、一人で外出することも避け、家にこもっていたような人が、外でバリバリ仕事をこなし、遠くにも一人で行けるし、自分の意見をちゃんと言える人物に変わるということも起きる。

不安が強い状態と、自分がやりたい人生をどんどん歩んでいける状態の間で、何が起きたのだろうか。

そこには、大抵共通する出来事と心の変化が生じている。

不安で、一人では外出もままならず、始終、過呼吸になったり、具合が悪くなっていたときは、その人を守ってくれる人に依存し、自分からは積極的に何かしようとすることもなく、受け身的に過ごす一方で、また具合が悪くなるのではという心配にばかりさいなまれ、自分一人では自分の体調さえコントロールできないという無力感にとらわれていた。

その状況に共通するのは、本当に自分がしたいことを諦めているという状況だ。したくもないことをしないといけない状況に置かれ、しかし、それをやめることさえできない。

たとえば、自分に合わないとわかって、本当は辞めたいと思っている学校（会社）を、辞めるわけにはいかない状況に置かれている。

自分と合わないことがはっきりしたパートナーと、本当は別れたい気もちがあるが、子どもや家族、世間体のことを考えると、別れるとは、とても言い出せない。

合わない環境や自分にふさわしくない生き方を我慢して続けようとすると、さまざまな不調が生じるが、それが不安症状というかたちで出てくることも多いのだ。

自分が嫌だと思っていることを嫌だと言って、拒否できない。選択したことが間違いだと気づいて、本当は変えたいのに、それができない。それは、脱出したいのに脱出できない状況と同じである。そういう状況に置かれれば、誰だって身動きのとれないような窮屈さや空気が足りないような息苦しさを覚える。

したいことができない不自由さや窮屈さは、生き埋めにされるも同然であり、手足をくくられて、海底に沈められているのと変わらない状況だと言える。

不安を治そうと、薬を飲んでも一向に症状が改善しないというときでも、息苦しさや窮屈さを生んでいる状況が変わると、症状がなくなってしまうどころか、別人のように積極的に行動できるようになるということも、起こり得るのである。

ある若者の場合には、したくもないことを強制されていたことが原因となっていた。

別の女性の場合は、夫に依存し、夫に頼るしか何もできないと思われていたが、実際には、夫や夫の実家から支配され、自分自身の主体性というものがまったくもてなくなっている状況に抗することもできないことが、しんどさの原因であった。彼女が離婚を決意して、自分の力で生きていこうとしはじめたとき、あれほど不安にさいなまれていた女性が、決然と前を見て、自分の人生を切り開いていく勇敢な女性に変わっていたのである。

些細なことで落ち込んで、いつまでも引きずりやすい人

グレーゾーンの人では、生き方の不器用さや生きづらさに加えて、これまで傷ついてきた体験を抱えていることが多く、そのため、どうしても否定的に物事を受け取り、傷つくだけでなく、それを長く引きずりやすい。日々の生活で味わう嫌な思いを

軽くし、ネガティブな気もちを引きずらないためにはどうしたらよいのだろうか。

自分の価値を人と比べて判断してしまう

N美さんも、そうした過敏な傾向をもつ高校生の女の子である。日々あった些細なことで落ち込みやすいという。同級生に言われた些細なひと言やちょっとした態度にも傷つき、その気もちがなかなか切り替わらない。何をしていても、そのことが頭のなかをぐるぐる回ってしまう。反芻思考《はんすうしこう》と呼ばれるもので、とらわれやすい傾向や切り替えが苦手な傾向をもつグレーゾーンの人では、しばしば苦しめられる問題だ。

ほかの人が当たり前にできていることが、自分にはできていないと思ってしまう。ほかの人は、ダンスでも、美術の課題でも、器用にこなせるのに、自分は何をやっても不器用で、できばえもパッとしないように思ってしまう。朗読だけは得意だと思っていたが、自分よりもっと上手な人がいて、その人と比べて自信がもてなくなってしまった。最近、焦っているせいか、余計に噛んでしまうことが増えた。そんな自分がダメに思えてしまう。

グレーゾーンの人は、N美さんのように、否定的な気分や考え方に慢性的にとらわれ、よい点よりも悪い点にばかり目が行き、自分は人より劣っていると考えてしまい、自己否定にとらわれていることも多い。

本人の話を聞いていると、本当に何もかも不器用で、能力も人並み以下のように思われるかもしれないが、実際は、優れた点もたくさんあり、放送部でも副部長として活躍しているし、絵もとても上手だ。しかし、自分に対する点数がとても辛《から》いのだ。

こうした思考にとらわれやすい人には共通した特徴がある。それは、人から見て自分がどう評価されるかという点に重点を置いてしまうことと、そのこととも結びついているのだが、ほかの人との比較で自分の価値を判断してしまうことだ。そうした傾向は、小さいころから人と比べられて育ったことに由来していることが多い。

N美さんの場合も、上に姉がいて、積極的で超優秀な姉と比べられると、地味な存在という扱いを受けることが多かった。N美さん自体は、なんら劣ったところなどないのだが、母親がいつも口にする言葉やニュアンスから、自分は劣っているということを刻み込まれてきたのだ。

あまりにも繰り返し言われ続けたので、頭にしみ込みすぎて、その評価を自分そのもののように思ってしまう。しかし、それはあくまで思い込みに過ぎない。

自分への否定的な思い込みから脱するために

たとえば、少し前まで、女性のほうが男性より能力が劣っていると思い込まされていた時代があった。専門職でも芸術の分野でも、政治やビジネスのリーダーも、男性にしかなれないような思い込みがはびこっていた。だが、実際には、女性のほうが優れている面も多く、医学部などでも、男女比が逆転しているところも多い。古い固定観念の残る政治の世界では、まだ男性が優位な状況が続くが、女性だから、何かを諦めなければならないということは、もはやナンセンスになっている。

ましてや、個人に対する評価といったものは、いかようにも変えられるものなのだ。むしろ、問われているのは、かつて与えられた否定的な評価や烙印《らくいん》を、一生受け入れたまま、それに縛られて生きていきたいのかということなのである。

まずは、**自分に対する否定的な思い込みの多くは、心ない他者から与えられたもので、それは本来の自分の価値や可能性とは違っているのだということを、自分に何度も言い聞かせること**である。自分を大切に扱わなかった人や自分の真価をわかってくれなかった人の言葉を信じ続け、それに支配されて生きるのは、もうごめんだと、自分に宣言することだ。

N美さんのように、まだ自分を確立できていない思春期や青年期においては、親などから与えられた評価に左右されることも、ある意味、やむを得ない。まだ、自立していないとは言えず、親などからの支配も強いからだ。

しかし、さらに大人になって自立していくということは、親の支配から自由になっていくということでもある。**すでにいい年の大人なのに、人の評価ばかり気にしたり、人と自分を比べて落ち込んでばかりいるとしたら、まだ過去の負の遺産を清算できていないということだ。**まだ自分に与えられた否定的評価に縛られているということであり、本当の意味での自立を遂げるためにも、その部分を変えていくことが重要な課題ということになる。

つまり、自分がとらわれている否定的な自己評価を脱して、ありのままの自分を肯定できるようになることと、これまでの親などの支配を脱し、自立を遂げ、本来の自分を確立していくことは、同じことであり、同時に成し遂げられていくことである。

その一歩として、自分に対する否定的な評価が出てきたら、「おれってそんなにダメな人間?」「わたしってそんなに価値がない?」「そんなこと、誰が言ったんだ?」

と、反問してみよう。じつは、周囲の否定的な評価によって、そう思い込まされてきただけではないかと問いかけてみる。

そして、自分の否定的な評価が、外から与えられた評価に左右されたものだと気づいたら、「そんなバカげた思い込みに支配されるのは、ごめんだ」と、過去の支配に決別する意思を言葉にする。それを何度か繰り返しているうちに、あなたはその支配から自由になっていく。

不安への対処法を身につける

不安が極度に亢進《こうしん》したとき、人を襲うのがパニックだ。過呼吸や動悸などの発作が恐ろしいのは、不気味な体感とともに、それがコントロール不能だと感じるからである。

その不気味な不安は、迷走神経の原始的な反応によるものであり、理性を超えた恐怖を引き起こす。それは、自分ではコントロールできないと感じることで、余計に圧倒的なものになる。

パニックにならないためには何が必要かと言えば、何が起きているのかを認識するとともに、その事態にどう対処すればよいかを知っていることである。

たとえば、はじめて過呼吸発作や動悸の発作を起こしたり、迷走神経緊張性ショック（生唾が湧いて気分が悪くなり、冷や汗が流れる自律神経の異常反応）に襲われたりしたとき、対処どころか、自分に何が起きているのかを認識することも難しい。自分の体に起きている異常事態をコントロールできず、このままどうにかなるのではないかという不安や恐怖に圧倒される。

そのときの強烈な恐怖の記憶とともに、また同じことが起きるのではないかという不安を引きずるようになると、パニック障害という状態が成立することになる。

しかし、同じような事態に見舞われそうになっても、パニック発作を克服した人や、訓練を積んだ人なら、落ち着いて対処することができる。それは、どう対処すればよいかを知っているからだ。どう対処するかを頭に入れ、リハーサルし、対処行動のレパートリーをもてばもつほど、安心感を高めることができる。

不安やパニック発作への対処法

不安や緊張が強い人が多いグレーゾーンの人では、不安やパニック発作は、とても頻度の高い困り事だと言える。対処の仕方を知って、あらかじめ身につけておくことで、落ち着いて対応でき、パニック障害にまでならずに済ませられる。万一、パニック障害になった場合も、対処行動をきちんと身につければ、比較的容易に克服できる。

わたし自身、三十代のときだったが、ベトナムに旅行した折、ベトコン（南ベトナム解放民族戦線）が隠れひそんだというトンネルをくぐっている途中、生まれてはじめてパニック発作に襲われた。

三十メートルトンネルと呼ばれる暗く長いトンネルを、腰をかがめて進まなければならないのだが、三月のまだ肌寒い日本から、気温が三八度の蒸し暑いベトナムに着いた翌日ということもあり、万全ではない体調も重なって、迷走神経緊張性ショックを起こしてしまったようだ。涼しい木陰でしばらく休ませてもらって落ち着いたが、しばらくは地下やエレベーターのような狭い場所に入ると、息苦しさを覚え、またあのときの怪しい感覚に襲われそうになったものだ。

それから何年かして、わたしはもう一度危《あや》うい経験をした。それは、エジプトのギザにあるクフ王のピラミッドのなかに入ったときのこと。やはり気温は三八度で、しかも、ピラミッドのなかには長い階段があり、それを上りきった奥に、王の間と呼ばれる石棺《せっかん》の置かれた薄暗い部屋がある。ピラミッドのちょうど中央部分に位置し、もちろん窓などあるはずもない。

わたしは階段を登りながら、なんとなくこれはやばいぞと悪い予感を覚えていたが、ここまできて引き返す勇気もないまま、王の間までたどり着いた。暗がりに観光客の姿や、棺《ひつぎ》の影がみえるだけだ。もうだいぶ息苦しい感じがして、ここでパニック発作を起こしたら、ベトナムのときのトンネルより奥深く、すぐに外に出ることもできないぶん、厄介なことになってしまうという思いで、何とかパニック発作の進行を食い止めようとしていた。

わたしは背負っていたリュックサックを下ろし、襟元を緩め、壁に寄りかかりながら、呼吸をコントロールしようと、鼻とおなかに手を当てて、息を吸い込みすぎないように、しっかり息を吐き出すことを意識しながら、ゆっくり呼吸を心がけた。数分すると、息が少し楽になり峠を越えたことが自覚された。

二十分後、ピラミッドの外に出たときには、わたしは平静を回復しただけでなく、少し自信をもつことができた。自分で対処することができたことで、同じような状況に遭遇しても、どうにかなると思えるようになったのだ。

不安やパニックに対して、簡単にできる対処の方法としては、唾を呑むということがある。嚥下《えんげ》（呑み込み）には、咽頭や食道の運動の際に、副交感神経が使われるため、呑み込むことで、副交感神経を活性化できる。副交感神経はリラックスする方向に働くので、唾を呑み込むことは、緊張をほぐし、不安を落ち着かせるのに役立つ。

緊張すると生唾が湧いて、それをごくっと呑み込んだりするが、これは緊張に対処する自然な行動なのだ。なのに、唾を呑み込む音がするのが嫌だという理由で、わざわざ唾を呑み込むのを我慢したり、唾をティッシュで拭き取ったりする人もいる。じつにもったいない。

緊張しているときには、交感神経が優位になるため、唾の分泌が減り、口が渇くことも多い。そんなとき、有効な方法として、飴玉をなめるという方法がおすすめである。飴玉をなめることで、唾の分泌が促され、自然に唾を呑み込むことになるので、副交感神経を活性化させることになる。

感情を変えられないときは、行動を変えてみる

不安や落ち込み、イライラや怒り、傷ついた気もちや悲しさといったネガティブな感情にとらわれると、誰であれ、すぐには切り替えられない。**グレーゾーンの人は、こだわりの強さや過敏さ、傷つきやすさといった特性を抱えているため、余計に切り替えが苦手で、不快な感情が長引きやすい。**

どうすれば、不快な感情を切り替えられるだろうか。

そこで、しばしば有用な方法として、感情を直接切り替えるのが難しい場合には、行動を変えることが役に立つ。

感情、行動、思考は互いに結びついていて、一つが変化すると、その変化がほかの二つにも波及する。感情の嵐が吹き荒れているとき、その嵐を直接鎮めようとしても、なかなか難しい。しかし、行動を変えることは、比較的容易だ。

たとえば、注意されたりクレームを受けたりして、プライドが傷つき、むしゃくしゃした思いを引きずっている場合、考えを変えようとしても、そのことばかり考えてしまうということになって、なかなか切り替わらないものだ。

そういうときは、散歩をしたり、軽く走ったり、ストレッチをしたり、片づけをして、机の上をきれいにしたり、子どもやペットと遊んだり、草むしりや家庭菜園の世話をしたりといった、**運動や作業的なことに無心で取り組んでいるうちに、気分が変わることが多い。**

目の前にストレスの原因になる人がいて、それだけでもきついのに、イライラさせられる行動をしてきたり、わざと挑発するようなことをしてくるという場合には、感情を切り替えることはさらに難度が上がる。

そうした場合は、相手から離れることが、もっとも有効な対処行動だ。トイレに行くといった理由で、その場を離れる。急用を思い出したと言って、外に出かける。動悸や腹痛がしてきたと言って、ベッドに避難する。といった対処だ。

しかし、そうした行動もとれず、相手と何とかうまくやらなければならないという場合もある。

たとえば、あなたが忙しくして、疲れているとき、パートナーの思いやりのなさや自分勝手さに怒りがこみ上げてきたとする。その感情のままに、相手を責めるようなことを言ったり、怒りをぶつけたりすると、相手の自己防衛と反撃にあうだけで、もっと嫌な気もちになるのが落ちだ。つまり、感情に支配されたままの行動は、行動を起こしたとしても、気もちを切り替えるどころか、火に油を注ぐ結果になってしまう。**気もちを切り替えるには、感情に支配された行動ではなく、そこから自由になる行動をとることがポイント**になる。

まさにこうした対応ができるかどうかが、その人の人間的な魅力や心の容量を示すし、そのための能力は、日々の努力のなかで高めていくことができる。

比較的やりやすい対応から例を挙げると、

「今日はちょっといろいろあって、疲れていてね。悪いけど〜してくれないかな」

と、事情を説明して具体的にお願いをする。

事情を説明することと、お願いをする言い方を用いることとは、社会的スキルの重要な基本テクニックの一つだが、グレーゾーンの人は、この部分が苦手である。そこをきちんとやるだけで、相手の反応も変わり、協力的な態度を引き出せることが多い。

さらに、難易度が上がるが、自分が言ってほしいことを相手に言う。つまり、まず相手を労ったり、感謝を述べたり、ほめたりする。カウンセリングの世界では、コンプリメントと呼ばれるテクニックである。

「今日も大変だった？　疲れただろう（でしょう）。本当に感謝してるよ（わ）」と、最初に言うことで、コミュニケーションはスムーズになり、そのあとで、「疲れているところ、悪いんだけど、お願いしていい？」と、言えば、相手も耳を傾けてくれやすい。こちらがまず相手に優しくすることで、相手の反応が優しいものに変わる。

自分がしてほしいことを、まず自分が相手にすることで、相手も心を開いていく。たとえ、それに対して相手が素っ気ない態度をとったにしても、そのあとで、だんだん優しい態度に変化するということもある。心の変化というものは、少し遅れて生じるものだからだ。少なくとも、相手を責めたり攻撃したりして、その結果起きることよりは、ずっとましな結果が得られるに違いない。

反芻思考を止めるには

それでも、ぐるぐる思考だけが回ってしまうという場合の対処法としては、書いて整理するということが有効である。まず、何が起きたか、出来事や状況を書く。それによって、自分が受けた感情的な衝撃や不快な思いについて書き、さらに自分なりに分析する。

分析の仕方として有効な方法は、まず、事実の部分と推測の部分を区別してみる。多くの場合、事実そのものよりも、自分の推測によって苦しんでいる。しかし、推測はあくまで自分の頭のなかの出来事である。それは、自分が自分を苦しめているということにほかならない。**グレーゾーンの人は、推測を事実と混同してしまいやすい。事実と推測を切り分けるだけで、頭の整理がつきやすい。**

さらに、問題の要因が、自分の側の問題か、相手の側の問題か、不可抗力による問題かを区別する。自分の側の問題については、どうするのがよいか、自分なりの対処法を決める。自分にあきらかにミスや落ち度があったのであれば、それについて、報告して謝罪したり、再発を防ぐための対策を考える。

しかし、すべてのミスを防ぐことはできないし、あるライン以上は不可抗力の問題とも言える。不可抗力の問題については、どうすることもできないことなので、仕方がないと受け入れ、諦めるのが最善の対応である。

相手の側の問題については、こちらが努力しても変えられない問題であり、スルーするか、被害を最小限にする対応を考えるのが基本だ。グレーゾーンの人に起きやすいのは、相手の問題を自分の問題のように勘違いしてしまい、何とかしようと悩んでいる状況だが、まず自分と相手の境目をはっきりさせて、自分の問題のように勘違いしないことが大切だ。多くのケースでは、余計な関与や口出し、干渉をしすぎて、状況が混乱している。そうした不必要な関与をやめるだけで、お互いに楽になることも多い。

他人の問題のようで、じつは自分の問題という場合もある。先に述べた推測を事実と混同してしまいやすい人では、自分が相手から苦しめられているように感じていても、実際は自分の推測によって自分を苦しめているという場合もある。その場合は、自分が生み出した幻の敵と戦って、一人で傷ついているようなものなので、「幻と戦うのはやめよう」と、結論を書く。

分析結果として結論を書き、最後に感嘆符（！）を書くことは、無意味な反芻思考を止めるのに、とても有効である。

自己肯定感を高めていくには

ネガティブな概念の最たるものは、自己否定である。自己否定を克服するためには、主体的行動により、小さな成功や達成を成し遂げ、それによって、達成感や自己効力感を味わう体験を積み重ねる必要がある。さらに、周囲からも評価や感謝を得られるなかで、次第に自己否定は自己肯定感へと変化していく。

最初の一歩は、自分の意思で行動しチャレンジすることなのだが、それが、**自己肯定感へとつながっていくためには、小さくてもいいので、成功や達成で終わること**だ。結果よりもプロセスが大事だとは、よく言われることだが、自信をなくしているときほど、結果に目が行ってしまう。結果がダメだった場合、いくら頑張ったと言われても、自信を高めるのには役に立たない。それゆえ、**やるからには、うまくいきそうなことをする。負け戦はしないということ**が重要だ。

人生がうまくいっていない人ほど、わざわざ負け戦をする傾向がある。自分の実力や現状を無視して、無謀なチャレンジをして、失敗する。その結果、傷ついて自信をなくすという悪循環だ。

いくら自分は頑張った、誰よりも努力したんだと言い聞かせようが、それでも失敗してしまったという事実の前に余計落ち込んでしまう。ましてや、うまくいかない結果が何度か続けば、もう永久に失敗し続けるような心境になる。もううまくいく気がしなくなってしまう。

数学の問題を十問解いて、一問も正解できなかったとしたら、自信がなくなるだけでなく、取り組もうとする意欲自体が低下してしまう。そうした学習の仕方は、重大な欠陥があると言える。

できれば七問くらい、せめて半分くらいは正解できるレベルの問題を選ぶか、あるいは予習をして例題を解き、ある程度歯が立つように準備してから、問題に取り組む必要がある。

その意味で、**復習よりも予習に重点を置いた学習法のほうが、自己肯定感を高めるのには有用**だ。予習をしておくことで、わかると感じることができ、自己評価や自信を高めることにつながる。もちろん、できなかったところは、ちゃんと補強しておく。というのも、人間は大抵、同じ過ちを繰り返すからだ。

仕事でも同じである。**自己肯定感を高めるためには、しっかり準備すること**である。準備することで、成果が出るだけでなく、周囲からの評価も高まることで、自己効力感や自信の回復につながる。うまくいかなかったことは、しっかりおさらいして補強しておく。**うまくいっていない人ほど、あまり準備もせずに失敗し、注意をされ**

て落ち込むだけで、対策も取らず、また同じ失敗をするということを繰り返している。

やるからには成功するまでやるということも大事である。失敗したところで、やめない。勉強にしろ、ほかの分野のことにしろ、得意か得意でないかを左右する要素として、この点は重要な気がする。苦手な人は、わからない、できない、無理だと思ったところでやめてしまう。しかし、得意になった人は、できるようになるまでやり続ける。この執着心や負けん気の強さがあるかどうかが、得意になるか苦手になるかを分けているように思う。

もちろん見切りをつけることも大事なのだが、**何かに見切りをつけるにしても、小さな勝ちでもいいので勝利や達成を手にしてからやめる**のがいい。ひどい負け方をしたり、ひどい点しか取れなかったりした場合も、そこでやめてしまわないほうがいい。答えをこっそり見てでもいいから、できるようになることが大事なのだ。

相撲でも、将来出世する力士は、自分が勝つまで取り続ける。横綱や大関は、たとえ下っ端に負けることがあっても、最後は自分が勝ってから稽古を終える。それによって、おれは強いということを確認しているのだ。

子どもに苦手な勉強をやらせる場合も、最後はできる問題をやらせて、解けたという達成感を味わわせ終わりにする。最後に難しい応用問題をやって、手も足も出なかったというところで勉強を終えていると、自分はできるという気もちを味わうことはできない。

自分の力では歯が立たない場合には、数字だけ変えた別の問題で解き方を教えてから、その問題を解かせる。特別な能力がある人は別にして、お膳立てやヒントを与えてでもいいので、とにかく解けたという体験をさせることが大事なのだ。

不安やネガティブな感情のコントロールには、認知行動療法[*2]が一般的だが、近年は、ありのままの自分を受け入れ、症状と戦わないという逆転の発想による心理療法も盛んだ。森田療法[*12]やマインドフルネス認知療法[*13]もおすすめだ。

心の傷がからみ、表面的に不安を取り去ろうとするだけでは、改善が難しいケースもある。そうした場合には、ソマティック・エクスペリエンシング（SE）[*14]やハコミセラピー[*15]、ブレインスポッティング[*16]、TFT[*17]のような、身体感覚に働きかけるアプローチがよいかもしれない。

不安定な愛着や自己否定が強いケースでは、弁証法的行動療法[*9]や両価型愛着改善プログラム[*11]などが適用になる。

第 8 章

人生をコントロールする

幸運も不運も自分が呼び寄せるもの

どうして、あの人は次々にいいことばかり起きるのだろう、とか、どうしてやることなすこと、うまくいくのだろう、と羨《うらや》ましくなるような人がいる。

それに比べて、自分にはどうしてこんなに悪いことばかり起きるのだろうと落胆したり、何をやってもうまくいかないと、苛立ちを覚えることもある。そんなとき、自分はなんてついていないんだと、つい思ってしまう。人の幸運を羨み、それに引き換え、自分は運に見放されていると、自分の不運を嘆いて、運不運の問題にしてしまうことも多い。

しかし、長年、さまざまな人に出会う仕事をしていると、**運不運に思えることが、じつはかなりの部分、その人自身の反応の仕方や行動パターンに起因している**ことが見えてくる。こうした臨床的な観察は、いくつもの研究によって裏づけられている。

不運だから何をやってもうまくいかず、失敗や不健康に陥っているというよりも、その人の考え方や行動が、不運な失敗や不健康を引き寄せているということのほうが大きいのである。もちろん偶然的な要因もあるが、考え方や行動の仕方によって、不利な偶然さえ味方につけることもあれば、千載一遇《せんざいいちぐう》のチャンスを自分からスルーしたり、台無しにしてしまったりすることもある。

逆の言い方をすれば、チャンスは至るところにあるし、ピンチの落とし穴もそこら中にある。どちらに注意をとめ、近づいていき、自分の人生に組み込んでいくかは、その人の心の持ちようや反応の仕方次第なのである。

グレーゾーンの人は、その特性ゆえに、強みとなる部分と弱点となる部分の差が大きい。強みを活かせる生き方ができるか、その逆になるかは、人生を大きく変える。

うまくいかない人や行き詰まっている人は、わざわざ困難や面倒事を呼び寄せるような行動をしている。自ら人生を混乱させ、可能性を狭め、自分を安売りし、損な選択ばかりをわざわざしてしまっている。ところが、同じ人でも、自分の失敗パターンを自覚して、考え方やふるまい方が変わると、人生がうまくいくようになる。

自分の失敗パターンに気づく

癖や常同行動（同じパターンの運動や所作を繰り返し行うこと）のような、一日に何度も繰り返されるような行動や同一行動へのこだわりであれば、誰でも気づきやすいが、何年という長い周期でみられる行動パターンは、なかなか気づきにくい。何度か同じような失敗をして、ようやく気づくということも多い。

同じような相手と恋愛と別れを繰り返していたり、事業や勝負事で、一時はうまくいくのだが、結局、大損してしまうということを繰り返したり、会社に入った当初は、社長に気に入られ、どんどん業績を伸ばすのだが、次第に雲行きが怪しくなり、結局辞めてしまうということを繰り返している場合もある。

何事もはじめたばかりのころは、慎重に丁寧に対処して、少しでも不安な点があると、どうするのが一番いいか、知恵を絞ったりほかの人に相談したりして、細かい点まで考え抜いて進めていく。ところが、だんだんと対応がずさんになり、リスクがあってもそのままにして、注意も払わなくなる。そういうときに、大きな失敗が起きるということを繰り返しているケースもある。

ADHDの傾向をもつ人では、そうしたパターンを繰り返しやすい。まだ慣れない、はじめての課題に取り組んでいるときには、意外にミスが少なく、うまくこなせているのに、何度も同じことをやらされていると、急にミスが増えはじめる。**慣れると、学習効果によりミスは減るはずなのに、逆に単調さに飽きてしまって、不注意に**

なってしまうのだ。

対策としては、だらだら長時間やることを避け、一回の作業を短時間ずつに区切り、各時間の成績を可視化して、ゲームや競技形式で取り組むようにしたり、仕事の順番を変えたり、体を動かす作業を挟んだりすることが、効率アップに有効である。

反対に、強迫性が強いＡＳＤ傾向の人では、最初やるときは慎重になりすぎて、時間がかかる。しかし、慣れてくるとだんだん速くできるようになる。いったん慣れても、手抜きなく、同じクオリティで仕事を続けられることも多い。これは、このタイプの強みだと言える。

新規の刺激を好むタイプの人では、慣れたころで失敗しやすいのに対して、同じ繰り返しを好むタイプの人では、最初は時間がかかっても、丁寧に身につければ、着実に進歩が期待でき、しかも仕事にムラがない。

どれだけ早く自分の失敗パターンに気がつけるかには、自分を客観視する能力がかかわっている。そこが弱い人では、記録や日誌をつける習慣をもち、行動や状況を客観視するトレーニングを積むとともに、定期的にカウンセリングやコーチングを受けて自分の状態や注意すべき点を確認することが、とても有用である。身近な家族や友人が、冷静に状況を解説してくれるコーチ役になってくれると、グレーゾーンの人の大きな支えとなる。

その点、先述のユングは恵まれていた。妻のエンマは、冷静で聡明な気品のある女性で、夫に不足しがちな社交の才や管理能力にも長けていた。夫の研究に深い関心を寄せ、夫の優れた相談相手だったが、彼女自身、心理療法家として自己実現することになる。

執着気質の人は気分のアップダウンを生じやすい

思い込んだら、がむしゃらに進んでいく執着気質のタイプは、ビジネスパーソンや経営者、研究者にも多く、まわりから見ると、少し誇大《こだい》とも言える目標を、人並み外れた努力と行動力によって実現してしまうこともしばしばだ。その原動力は、思い込みの強さと妥協を知らない執着心で、自分の理想の実現に向けて突き進んでいく。

思い込んだらとことん頑張り抜く執着気質は、躁うつ病の代表的な病前性格としても知られているように、アップダウンを生じやすい。何かに向かって爆発的に突き進むときと、やりすぎて失敗したり顰蹙《ひんしゅく》を買ったりして、回ってきたツケや四面楚歌《しめんそか》の失意に落ち込むときときとを繰り返しやすい。その逆境をはねのけようとして、ふたたび新たな飛翔《ひしょう》が起きるという上下動を繰り返すのだ。

せっかくのエネルギーや努力を無駄にしてしまわないためにも、上り調子のときほど慎重さを忘れず、勢いに呑まれてしまわないことが、安定した成功を手にできるか、浮き沈みの激しい人生になるかを左右する。好調だと感じるときほど、やりすぎに注意する心がけが、好調を持続させることにつながる。

正義感の強さから対立を生んでいた四十代男性の場合

四十代の男性Uさんは、法学部を卒業後、公務員となった。三十代前半までは、がむしゃらに仕事に励み、上司に恵まれたこともあって、順調に出世街道を歩んでいた。ただ、正義感の強さから、役人の世界特有の事なかれ主義や表と裏の顔が違うやり方に、反発したりぶつかったりすることもあった。それでも、まだ役職も低く、影響力もなかったので、威勢のいいやつがいるというくらいに、大目に見られていた。

しかし、三十代後半になって、それなりに役職も上がり、重要な場で発言する機会が増えると、Uさんの空気を読まずに正論を振りかざして持論を主張する態度は、うっとうしがられたり、対立を生むようになった。

そんなとき、Uさんは、突然、関係のない部署に異動となる。あきらかな左遷だった。Uさんは、憤《いきどお》ったが、仲のよかった同僚さえ、「ちょっとやりすぎたんじゃないですか」と冷たかった。仕事に行くこともつらくなって、最初の休職。復活して、ようやく仕事らしい仕事ができるようになったと思うと、また摩擦が増え、上司から睨《にら》まれて、行きづらくなるということを繰り返した。

そんな自分のパターンを自覚しはじめたのは四十代も後半になってからだった。

そんなとき、新型コロナが蔓延《まんえん》して、応援部隊として駆り出されることになる。そこでのUさんの献身的な働きぶりは、他部署ではあるが、高く評価された。Uさんのまっすぐさが、すべて悪いわけではなく、それが生かされることもあるということ。それはUさんにとって救いだった。

そのことをきっかけに、Uさんのなかでわだかまっていた鬱憤《うっぷん》ややもやもやが少し晴れたようだった。Uさん自身、「相手を変えようという力みが、前より少しなくなった気がします」と語り、相手をどうにかしようとぶつかるよりも、自分のできることをしようという境地に至ったようだった。

自分の特性や強みが生かされる環境

グレーゾーンの人は、その特性ゆえに、器用に周囲に合わせられず、齟齬や孤立を招きやすいだけでなく、それ以上につらいのは、自分の強みや信念が生かされるどころか、否定されてしまう状況に置かれやすいということだ。

能力の凸凹《でこぼこ》がはっきりとあり、強みと弱みの差が大きいだけに、その環境が、その人の特性に合うか合わないかということは、通常以上に大きな差となって表れる。合わない環境に置かれると、適応障害や心身症のリスクも高まることになる。

ADHD傾向のある男性の場合

ＡＤＨＤ傾向のあるＷさんは、警察の機関で働いているが、あるとき、指紋鑑定の部署に異動になった。事件現場などから採取された指紋は、不完全なのが普通で、欠落した箇所がいくつもある。欠落した箇所を手作業で補ったうえで、コンピューターに照合させるのだ。この欠落した箇所を補う作業というのが、Ｗさんはどうしてもうまくできなかった。上司にいつも渋い顔をされて、進歩しないなと、なかば呆れたように言われる。

特殊な仕事のなかの特殊な作業に過ぎないとしても、それが自分に与えられた仕事で、それをいくら頑張っても、人並みにできないということを日々思い知らされることは、Wさんの心を次第にむしばんでいった。Wさんは、自分に対する信頼も自信もすっかり失い、自分のことを無能な人間と思うようになってしまった。

だが、彼の特性に合わないことを職場に伝えて、配置換えをしてもらうと、そこはまさにWさんにぴったりの環境で、Wさんは別人のようにのびのびと活躍するようになった。その顔には笑顔と自信がよみがえり、毎日仕事に行くのが楽しみだと言うまでになった。

自分の特性に気づき公認会計士試験に合格

グレーゾーンの人の人生が恵まれたものとなるためには、自分の特性に合う環境を選ぶことが重要になる。それが、その人の生き方にかかわっているときには、なおさらだ。

国税局で働いていたOさんは、自分の仕事に誇りをもっていた。不正を働いて私腹を肥やす輩《やから》を摘発し、正義を執行することは、世界は公正であるべきだというOさんの信念の実現に資《し》するものだと感じていた。

しかし、上司が変わってから、その仕事に疑問を抱くようになる。始終怒鳴り声を上げているパワハラ体質だけでなく、自分の出世のために、信念に反することを平気で強要する姿勢に、ついていけないものを感じるようになった。

それでもぐっとこらえて働いていたが、ある日、役所に向かおうとする足が動かなくなり、自分が涙を流していることに気づいたのだった。このままでは、ダメになってしまうと感じたOさんは、退職を決意した。

税理士事務所に再就職して、新たな人生をスタートさせたが、Oさんの気もちはふたたび沈むようになった。

これまでは正義の番人という自覚があって仕事をしていたつもりだった。しかし、新しい仕事では、立場が逆転して、顧客はいかにして税金を免《まぬが》れるか、法の抜け穴すれすれを求めてくることも多かった。だが、生活のためには、不本意な仕事であれ、続けるしかなかった。そう思うと、余計に毎日がつらくなるのだった。

本当は、どうなりたいのか。それが、実現できるかどうかということは置いておいて、どうなれば、自分の信念に合った生き方ができると思うかということを話し合っていくなかで、Oさんは、無理だと思うけれど、公認会計士になりたいという希望を語った。企業の会計を監査する公認会計士の仕事は、正義感の強いOさんには適任に違いなかった。

それからわずか二年後、Oさんは、公認会計士の試験に合格を果たした。思いが言葉になって語られることは、しばしば人生が方向を定めて動き出す大きな一歩となる。

新奇性探求の強い人は刺激中毒に注意

ASD傾向がある人は、同じ行動パターンに執着しやすく、パターンを変えることに抵抗があるのに対して、新奇性探求や感覚刺激を求める傾向が強いADHD傾向の人では、新しいことに次々目移りしやすく、予定外のことに手を出したり、本筋と違うことに熱中したり、かと思うと、すぐに飽きて、また別のことに手を出すという気の多さや一貫性の乏しさがみられやすい。

人との出会いも多く、また新しい情報をいち早く手に入れることにも長けていたりするのだが、急に方針が変わったり、目先の関心が移ろってしまうため、勉強にしろ仕事にしろ、じっくり一つのことに取り組み、それを極めるということができず、横道にそれやすい。

新しいことへのチャレンジが活路を開くこともあるのだが、計画性や十分なリサーチもなく、思いつきで衝動的に飛びついてしまうような場合には、次々手を出すだけで、どれもうまくいかないということになりやすい。

成算《せいさん》に関係なく、新たな投資やギャンブルを繰り返すこともある。ある意味、刺激中毒であり、失敗する危険を冒すことが目的だと言えるので、失敗しないほうが難しいのである。

たとえ途中までうまくいっていても、賭け金が増えたときに大失敗して、すべてを失ってしまうということになりやすい。というよりも、大失敗して、ギャンブルが続けられなくならない限り、自分を止められないのである。

こうした悲惨な運命を避けるためには、ふだんから、刺激を求める行動をコントロールする意識をもち、制御する能力を高めていく取り組みが必要である。**うまくいっているときほど、調子に乗って、次の失敗の種をまくことが多いので、余計なことに**

は手を出さないように心を引き締めてほしい。

このタイプの人は、決断が速くないと、チャンスを失ってしまうように思いがちだが、それこそが大失敗の原因となる。素早く決断して行動することで、失敗の確率は確実に上がり、致命的な判断ミスも生じやすくなる。

決断と行動の前には、よく調べること、いい材料だけでなく悪い材料についても、調べ尽くすことが必要だ。焦らなくてもチャンスはいくらでもあり、大きなチャンスほどゆっくりことが進むので、素早い判断など必要ないのだ。

素早い判断を迫られるような案件は、逆に怪しんだほうがいい。ゆっくり考えたら、致命的な欠点に気づかれてしまうので、相手が急《せ》かしているということも多い。行き先のわからない電車に飛び乗るよりも、乗らない決断をするほうが、賢明なのである。

このタイプの人が、成功を確かなものにするためには、止まることや休むことを実践し、賭け続けないことが大事だ。賭け続けていると、リスクに対するチェックがどうしても甘くなり、知らない間に危険なギャンブルにのめり込んでいるということも起きる。

どんなものにも波があり、山もあれば谷もある。いつまでもいい波が続くわけではない。やり続けるよりも、様子を見たり、手を引くタイミングをつねに意識することが、むしろこのタイプの人には大事なのである。

逆に悪い波がきて、次々と悪いことばかりが起きるというときも、絶望する必要はない。陰極まれば陽に転ずるというが、そういうときは、じたばたせずにおとなしくしていると、あるときを境目に、風向きが変わるものである。

うまくいっていたときのリズムを大切に

プロ野球選手でも調子に波がある。その一因としては、同じようにやっているつもりでも、フォームが少しずつ崩れてくるためだという。安定した打率を残したバッターは、好調時のフォームをできるだけ維持しようとする。うまくいっていることは続けるのが基本なのである。

うまくいかなくなったときも、まずうまくいっていたときの状態に戻してみる。泥沼にはまりやすいのは、うまくいっているのに、余計な変更を加えてしまったり、うまくいかなくなったとき、元に戻せばいいものを、さらに変えていき、何がどうなっているのか、わからなくなってしまうことだ。

医学的な治療においても、営業や会社の経営においても、この原理は共通する。うまくいっているものを、いじらないことと、うまくいかなくなったときは、立ち止まって原点に戻ること。しかし、センスが悪い人ほど、うまくいっているものをいじってダメにしたり、うまくいっていないのに、引き返すどころか、さらに進もうとして傷口を広げていく。

自分の人生が、現在、うまくいっていると感じている人は、その幸運を大切にする必要がある。幸運はいつまでも続くわけではない。しかし、何が幸運をもたらしているのかを考え、そこをみだりに変えずに、継続していく。

努力することが、うまくいっている原動力だとしたら、同じように努力し続けることが大切だ。人を大切にすることが、成功をもたらしているとしたら、成功したからと言って、その姿勢を変えたりせずに、いっそう人を大切にする。

人生がうまくいかなくてもがいている人も、これまでを振り返って、うまくいっていたころのことを思い出してみよう。そのころは、どのように考え、何を大切にして生きていたか。いまと何が違っていたか。そのころ、どんなことに励んでいたか。楽しんでいたか。

考え方や気もちを、うまくいっていたころに戻すことは簡単ではないが、行動を変えることは比較的容易だ。そのころ、励んでいたことや楽しんでいたことを思い出してみよう。

あのころは、もっと運動やスポーツを楽しんでいたなという人もいるだろう。そういう人は、運動が不足していることが、不調や気分が乗らない要因かもしれない。運動がもともと好きだった人では、運動不足は、その人の体調のみならず、メンタルにまで影響しやすい。高級車がある程度スピードを出さないと調子が出ないのと同じだ。

目標をもって、もっと忙しくしていたころのほうが、大変だったけど、輝いていたと感じる人もいるだろう。ストレスや責任は、マイナス面ばかりが強調されるが、ある程度あったほうが、生きがいや幸福度、さらには寿命にもプラスになる。自分が大切にしているもののために、自分が役立っていると感じることほど、生きがいを与えてくれるものはない。

少し縛られていたほうが、自由や解放感を味わえるということもある。ただ、それが限度を超えた束縛や自分の意思に反した強制となっては、マイナスになる。不自由に耐えてでも、やり遂げたいことに出会えたなら、そこにこそ、本当に大切にしたい価値がひそんでいるに違いない。

あのころは楽しかったな、やりがいがあったなと思う時期について、自分はそのころ何を大切にして、何に充実感を覚えていたのだろうかと、振り返ってみるとよい。そこから、いますべきこと、目指すべきことのヒントが見えてくるかもしれない。

うまくいっているときほど気を引き締める

うまくいっているときこそ、自分の失敗パターンについて、ときどき振り返ってみることは大切だ。うまくいっているときは、次の失敗を準備しているものだ。うまくいっていると、人は気が緩むし、大切にしていたこともおざなりになったりする。どこで自分が失敗してきたかにしっかりと向き合い、慢心を戒《いまし》め、危険に備えるときなのだ。

うまくいっているとき、とくにＡＤＨＤの傾向がある人では、手を広げすぎてしまいやすい。どこまでも拡大しようとしたり、もっと大きな勝負に出ようとする。

どんな人も勝負に勝ち続けることはない。大きく勝って小さく負けるか、小さく勝って大きく負けるかで人生の収支が決まる。たとえ、大成功を収め、億万長者になったとしても、もっと大きな勝負に出て負ければ、すべてを失う。

固執傾向の強い、リスクをとるよりも現状維持を好むタイプでは、その点で大失敗するリスクは避けられ、堅実に暮らすことに適している。

人生の浮き沈みや波に呑み込まれるのではなく、それをうまく生かすには、第三者の視点も活用しながら、自分の状態や状況を客観視することがとても役に立つ。信頼できるカウンセラーなどに、コーチ役を引き受けてもらい、定期的に自分を見つめ直す時間をもつといいだろう。

自身で行うことのできる取り組みとしては、日記や日誌などを書くこと、瞑想やマインドフルネス、[*8]無心になれる趣味の時間など、日常の雑音から頭を遮断する時間をもつことが大切だ。気分の波のために失敗を繰り返したり、落ち込みが激しい場合には、炭酸リチウム、バルプロ酸ナトリウムなどの気分安定薬による治療も活用したほうがよいだろう。

第9章

自分自身とつながる

人は、目指す未来によって変わっていく

自動車学校に通っていたとき、教官から教えられたことで、深く納得したことがある。自分が見ているほうに、車は進もうとするというのだ。確かに、横のほうが気になって横のほうを見ていると、そちらのほうに車が寄っていく。ハンドルを知らず知らずそちらに切ってしまっているのだ。だから、進もうとする方向にしっかり目を向けていないといけないのだと、教官は教えてくれた。

このことは、人生に対する態度や生き方についても、よく当てはまる。自分が向かおうとする方向に、人はいつのまにか進んでいく。

脇見ばかりしていると、人生は横道にそれやすいし、事故にも遭いやすい。自分がどこに向かいたいのか、向かおうとしているのかを明確にして、そちらをしっかり見据えていることが、運転技術の善し悪し以上に、正しい道を進んでいくのには大切になる。

いくら運転技術が優れていても、よそ見ばかりしていたのでは、事故のリスクは上がる。そもそもどこに行くかもわからずに、いくら巧みなハンドルさばきで運転した

ところで、道に迷ってしまう。

運転技術の善し悪しや車の性能は、発達の特性のようなものだと言える。だが、ちゃんと目的の場所にたどり着けるかどうかを左右するのは、もっとほかの要素なのである。

自分がどこに向かおうとしているのかが明確にわかっている必要があるし、自分の技術を過信するよりも、危険に気を配りながら、しっかり前を見て運転することも大事になる。運転が多少下手だとしても、そのことを自覚して安全運転を心がければ、そのほうが結果的にうまくいく。

グレーゾーンの人は、自分の特性を嘆くよりも、それをよく自覚して、その欠点を補う対処法を考え、どちらに向かって生きるのかという生き方の部分を見直したほうが、素晴らしい人生に出会えるだろう。

どちらを向いて進もうとしているのか、つまりその人がどんな未来を欲しているのかによって、人生はすっかり違ったものになる。

発達や愛着面で困難を抱え、それによって傷つくことも多かったグレーゾーンの人は、どうしても気もちが後ろ向きになったり、投げやりになったりしがちである。

前をまっすぐみることを憚《はばか》るように、うつむき加減になったり、人から目をそらしたりすることも多い。自分の人生だというのに、どうせ無理だとか、自分はどうせうまくやれないと思い込んでしまい、自分からチャレンジすることを諦めたり遠慮したりすることもある。

その人自身が、心のどこかで、うまくいかないことや傷つけられることを予想してしまっているのだ。楽観的な予想よりも、悲観的な予想にとらわれやすい。そのため、人生に対しても、なかばおびえた、腰の引けた態度になってしまったり、チャレンジする前から諦めてしまったりする。

グレーゾーンの人が抱えやすいコア・ジレンマ

人は「本来の自分」になろうとする欲求と、養育者や教師の期待に添う「適応するための自分（合わせる自分）」でいようとする義務感との間で本源的な葛藤を抱えている。適応するための自分は、養育者や教師に認められようと、周囲の基準に縛られる面をもつが、本来の自分になるためには、養育者や教師の支配から脱し、自立した自分を手に入れていく必要がある。

理想的には、養育者や教師が、助けが必要なときには支えつつも、本来の自分の成長と自立を妨げないように、手を出しすぎず、求めているとき以外は口出ししないことが求められる。これは安全基地となるための必要な応答性の原理である。

ところが、虐待や過保護・過干渉による支配が起きている場合、この応答性の原理が損なわれている。

軽度の発達の課題がある場合、どうしても周囲は手出し口出しを過剰にしてしまいやすい。それが、必要な助けを求めつつ本来の自己を育み、やがて自立へと向かっていくというプロセスを妨げてしまう。

過保護・過干渉になるか、思い通りにならないと突き放しすぎてしまうか、どちらかになってしまいやすい。それは単にバランスの問題というよりも、じつはもっと根本的な問題がからんでいる。その子の気もちやその子本来の可能性を見据えるか、親や教師側の期待や基準にばかりとらわれているかという違いである。

こちらの期待や基準からいったん離れて、その子の気もちやその子が本来の自分へと成長していくために何を必要としているかという視点で考えられるようになると、自然に、かかわり方のバランスが変わってくる。つまり、周囲に頼る面と主体的に意思決定や行動が行える面の両立をサポートできるようになる。

バランスのいい親子関係の特徴

虐待や支配を受けている子（大人になってからも）では、本来の自分を出すことを抑えてしまいやすいが、それは、自分の本音を言ったり、本当の自分を見せたりすると、相手は失望したり怒ったりして、自分を見放してしまうのではないかという気もちを抱くためだ。相手に表面的に合わせてしまうか、対立や攻撃によってしか自分を守れないと思い込んでいる場合には、必要以上に敵対的にふるまってしまう。

本来の自分と、合わせている自分（逆に、突っ張っている自分）のバランスが悪く、乖離《かいり》が起きやすい。本心ではない偽りの自分を演じている（よい子であれ憎まれっ子であれ）感覚や、自分が自分とつながっていない感覚をもち、それが自分に対しても人に対しても、不信感や否定的な感情をもつことにつながってしまう。

愛着が安定している場合（つまりは安全基地となる存在がいる場合）には、多少養育にバランスの悪い点があったとしても、本来の自分を出すことができる。親が余計な口出しをしようとすると、「うるさい！」と言うことができる。親も、本人が拒否していることを言い続けるよりは、本人の気もちのほうを尊重するので、強制したり、押しつけたりということがそれ以上起きずに済む。

親がしばらく口出しを控えていると、必要になったときに、子どものほうから甘えてきたり、助けを求めてきたりして、ほどよいバランスが取れていく。

バランスのいい愛着関係というものは、そうしたお互いの意思表示のなかで、行きすぎが是正される関係であり、最初から何の波風もないということではない。**嫌と思ったら嫌だと言えること、嫌だと言われたらそれ以上しないこと、こうした基本的なルールが自然に守られることで、本人の安全と主体性が守られる関係**なのである。

そうした対応の違いが、積み重なっていくうちに、自分につながれるか、つながれないかを左右し、人生を真逆なものに変えてしまう。

特性を超えて人生を動かすもの

特性そのものを変える可能性がある認知トレーニングは、魅力的な領域で、とくに子どもには改善効果が期待されるのだが、大人となると、なかなか難しいケースも多い。

たとえば、抑制制御をトレーニングするような課題に取り組んでも、実際の行動における衝動性のコントロールには、あまり効果がないのが現状だ。たとえば、ADHDの多動や衝動性の改善や、アルコールや過食のコントロールのために、こうしたトレーニングに取り組むという試みが、いくつも行われているのだが、はかばかしい成果は報告されていない。今後、より効果的なトレーニング法が開発されて、この状況に突破口が開かれるかもしれないが、いまのところは、あまり役に立ちそうにない。

だが、改善は困難かというと、そうではない。小手先のトレーニングをしたからといって、脳の特性は簡単に変わるものではないが、もっと大きな枠組みやスタンスを変えてやると、人の生き方は変わるのである。

脳の特性を超えた何かが、人生を決定づけていて、それこそが特性そのものよりも、もっと重要で決定的とも言える役割を果たしている。特性といった制約を超えて、その人を、そして、その人の人生を支配し、動かしているものはなんなのだろうか。

それは、その人がどこに向かって進もうとしているのかということであり、その人がその人自身とつながっているかということなのである。

改心や立ち直りと呼ばれる現象

無軌道で、自分勝手で、だらしない生活を送っていた人や、投げやりで、自己破壊的で、人に迷惑ばかりかけるような生活を送っていたような人が、まったく別人のように生き方を変える現象が、しばしば起きることが知られている。そうした現象は意外に身近にあり、わたしのような仕事をしている者は、そうしたケースに数多く出会ってきたし、かかわってきた。

問題児だったノーベル賞受賞者ラモン・イ・カハル

スペインの脳神経解剖学者で、のちにノーベル賞を受賞することになるラモン・イ・カハルも、十代まではじつに危なっかしく、不注意で、衝動的な若者で、教師からも親からも手に負えないとみなされていた。

叱られ、体罰を加えられるほど、カハルは強情になり、反抗し続けた。「気難しい、非社交性」や「対人関係における不可解な反発」はトラブルや孤立の原因となったが、その一方で、鳥類に夢中になり、卵を収集したり、自ら卵を孵《かえ》したりすることに熱中する面も備えていた。

自然に対する強い好奇心は、その後の科学者の片鱗《へんりん》を示していたとも言えるが、それ以外の特性があまりにも激しかったので、その才能よりも問題行動のほうにばかり、大人たちの注意は向かうことになった。そして、まわりが落ち着きのなさや悪戯《いたずら》をやめさせようとすればするほど、カハル少年の反抗や非行はエスカレートしていった。道具を操るのが好きだったカハルは、自作した弓矢や投石機を使いこなし、近在では有名な不良になっていった。

自然観察には優れた才能をもっていても、カハルは物事を意味もなく暗記するということが極度に苦手だった。そのため、教師が教え込もうとするラテン語や文法を覚えることができず、カハルは、勉強が大嫌いになっていた。

唯一得意だったのは絵を描くことで、カハル少年は絵筆を握るときだけは、別人のように長時間集中した。だが、苦労して医者になった父親は、息子を医者にすることしか頭になかったので、息子の絵には何の評価も与えなかった。落書きばかりしているカハルを、教師は、問題児扱いというより敵視した。

今日の医学的診断でいけば、カハルにはＡＤＨＤやＬＤの傾向があったと言えるだろう。彼もまたグレーゾーンの一人であり、彼の特性が、周囲からは反抗的とみなされ、それに対して加えられた虐待が、彼を本当に反抗的で、手のつけられない若者にしてしまった。

罰として満足に食事を与えられず、背中の皮膚が硬くなるほどむち打たれ続けたカハルは、はじめての夏休みに実家に帰ってきたとき、別人のように形相が変わっていたという。

それでも懲りずに、夏休みは不良仲間たちを率いて、自作した大砲をぶっ放し、真新しい隣家の門にみごとな穴を開けてしまった。そのときは、さすがに御用となり、三日間留置場に入れられている。そのときまだ十一歳だった。このままいけば、大悪党になっていても不思議はなかった。

砲身《ほうしん》が砕け散って、目に破片が入り、危うく失明しかけたこともあった。それでも懲りず、今度は猟銃づくりに熱を入れると、火薬や散弾まで、自分で製造するようになった。火薬を蓄えていた小屋に、火の粉を落として、爆発を起こしたこともあった。屋根ごと吹き飛ばされたカハルは、火だるまにならずに済んだ。

夏休みが終わると、カハルは転校することになった。新しい学校は、スパルタ式の前の学校よりは人間的だった。ことに、地理の教師の授業は、明快でわかりやすく、しかも島や山脈や各国の地図を絵に描かせたので、カハルはその授業がすっかり気に入り、はじめて学校の勉強を楽しく感じたのだった。

のちの脳科学の礎を築くことになるカハルによれば、若者の多くは、抽象的な語学や数学の学習には向いておらず、ある時期までは、具体的な事物について学び、もう少し年齢が上がるまで待てば、抽象的な内容も楽しく学べるようになるという。

ことにLDの傾向をもった子どもでは、具体的なことを扱うのは優れているが、抽象的なことになると、まったくわからなくなるということが起きやすい。

こうした場合、常識的な学習の順番通りにやらせようとすると、カハルが味わったのと同じような苦痛と反発を引き起こし、勉強嫌いにしてしまう。

このタイプの子では、具体的なものを通して学ぶことが、興味を呼び起こし、学ぶ楽しさや発見する喜びを与え、やがて抽象的な理解に適した時期が来たときに、飛躍的な進歩を引き起こすのだが、ずっと手前の段階で、可能性の芽を摘んでしまうのだ。

実際のところ、小学四年生、つまり十歳あたりから、どの子どもも一律に、抽象的な概念や操作を学ぶことになっているため、具体的な事物の操作に長けたタイプの子どもは、その優れた点を認められるよりも、分数や小数、さらには代数でつまずいて、すっかり落ちこぼれになってしまう。

学業で認められず、愚か者扱いされた憂《う》さを、子どもたちは、ときには非行というかたちで晴らすようになる。カハルの場合も、まさにそうしたことが起きていた。

父親にも見限られたカハルが勉学に目覚めたとき

中学三年になっても、カハルは、相変わらずの悪童ぶりで、代数やギリシャ語には手こずっていたが、悪童らしくない一つの変化が起きていた。読書の楽しみに目覚めたことだった。そのころ、彼が夢中になって読んだ本の一つが『ロビンソン・クルーソー』だったという。努力と意思によって、未開の島を、快適な楽園に変えていく様に魅せられたのだ。

ところが、カハルの成績不振と生活ぶりに、業を煮やした父親は、息子の将来を見限りはじめていた。カハルには弟がいたが、温和な性格で、兄に比べると慎重さも備えていた。どうせ医者にするのなら、弟のほうが向いているのではないか。父親はそう考えはじめていた。

そんなときにカハルは、また騒動を起こしてしまう。不良たちとの抗争がエスカレートするなか、警察官をケガさせてしまったのだ。さらに、ギリシャ語の教師とも悶《もん》着《ちゃく》を起こし、試験をすっぽかしてしまう。

激怒した父親は、カハルの学業を辞めさせ、靴屋の徒弟《とてい》に送り込んでしまった。しかも、徒弟先の靴屋は、劣悪な待遇で仕事もきつく、親方も厳しかった。

ところが、案に相違して、カハルは意外な才能を示す。物づくりに天稟《てんぴん》の才があったのだろう。靴職人としての腕前が、町でも評判になるほどだった。こうした特性は、LD的な才能を示していると思われる。わずか一年の間に、透かし編みや縁飾りの技法を身につけ、金銀線細工まで駆使できるようになると、おしゃれなブーツや最新の流行の靴を、みごとな出来映えでつくったのである。

ここでふたたび転機が訪れる。息子の成長と落ち着きぶりに、父親はもう一度チャンスを与える気になったのだ。このまま靴屋として成功してもよかったのだが、父親から学校に戻る気はないかと尋ねられたカハルは、心を動かされる。学業よりも画家になることに未練があったカハルは、デッサンの授業も受けさせてもらえるのなら、学校に戻ってもいいと答えた。父親はその妥協案を呑んだ。

復学して後、抽象的な能力にもスイッチが入る時期が来たのか、カハルの学業は少しずつ進歩を見せはじめる。彼の事物に対する強い好奇心は、少しずつカハルを自然科学に惹きつけていった。なかでも彼を魅了したのは写真の技術と骨学だった。父親から骨学の手ほどきを受けたカハルは、骨に対して強い興味を抱くようになる。

彼は仲間たちとともに、墓から白骨化した死骸を掘り起こし、そのなかから立派な頭がい骨や手足の骨などを選りすぐって、自分の観察用のコレクションに加えた。骨の一つ一つの溝や小さな穴は、神経や血管の通り道を表している。そうした細部の造形にカハルは魅了された。わずか一か月ほどで、骨のあらゆる解剖学的名称を答えられるようになっていた。

物覚えが悪いことで有名だったカハルは、具体的事物に対しては、驚異的な記憶力を示したのだ。カハル自身、書物の記憶力と事物の記憶力は別物だと言っている。

カハルは、以前とは別人のように、勤勉に勉強や研究に励むようになった。その変化をもたらしたものは、彼が自ら興味をもつものに出会い、進むべき方向が定まったことが大きかっただろう。さらに、そこでの努力や成果を評価されたことも、その変化を加速した。主体的な関心に夢中になることと、それが評価されることが合わさったとき、人は最大限の力を発揮する。

結果的に、一度働かされ、学業を離れたことは、彼のなかの危機感や学びたいという欲求を目覚めさせ、自分自身につながるのに役立ったと言えるだろう。

こうしたことは、身近なケースでもしばしば経験する。

就職するつもりだった中学生が進学を決意した訳

R君は、当時中学三年で、周囲は受験勉強にいそしんでいるというのに、まったく勉強に意欲が湧かず、それどころか、「勉強する意味がわからない。おれ、中学校で辞めて、親父の仕事を継ぐ」と言い出した。お母さんは、すっかり狼狽えて、どうしたらいいかと、筆者のところに相談にやってきた。

少し特性のあるお子さんのようだったが、このまま無理に勉強をさせようとしても、ますます嫌気がさすことは目に見えていたので、ここは本人の意思を尊重して、しばらく父親の仕事を手伝わせたらどうか、と提案してみた。

ちょうど、夏休みだったこともあり、R君は塾の夏期講習に行く代わりに、父親について水道屋の仕事を手伝うことになった。

R君も、そのほうがいいと、朝早くから日暮れまで父親の軽トラに乗って現場に出かけていった。すぐに音《ね》を上げるだろうと思っていたが、意外に根性を見せて、夏休みの間中、頑張り通した。

父親も勉強嫌いで、若いころはやんちゃだったが、仕事の腕はよく、早くから独立して、自営でやってきた人だった。息子も同じ道が合っているのか。それもいいかなと周囲が思いはじめていた矢先、夏休みも残り一週間になって、R君は父親に切り出したという。「おれ、やっぱ高校行くワ。悪いけど、仕事はもう手伝えない」

それから、R君は目の色を変えて、勉強に取り組むようになった。二学期の終わりには、これまでで一番いい成績をとって、地元の進学校にみごと合格した。

その後、名門の私立大学に進み、大手のゼネコンに就職。社内結婚して、いまは一児の父親になっている。

危機を一度経験して、自分から主体的に進む道を選択した子は、そのあとが強いように思う。

苦手科目の数学が得意科目になったアドラー

先述のアドラーは、幼いころ、くる病で運動もできず、体が弱かったうえに、肺炎にかかって死にかけたこともあった。死地から奇跡的に回復したとき、アドラーは、医者になると心に誓ったという。

しかし、その思いに反して、成績はあまりふるわず、とくに数学が苦手だった。一家の期待を背負ってギムナジウムに進んだものの、とうとう留年してしまう。商人の父親は息子に医者か弁護士になることを望んでいたが、それも難しいと見たのか、アドラーに、靴屋の徒弟に出すと迫ってきたという。

これには、アドラーも焦ったようだ。というのも、アドラーの兄は弟より優秀だったにもかかわらず、父親の仕事を手伝わせるために、ギムナジウムを辞めさせられていたからだ。

アドラーは奮起し、成績も持ち直す。苦手な数学についても、あることをきっかけに事態が好転する。

先生も解けない問題をアドラーが解いてしまうという出来事があり、自信を取り戻したのだ。その後、数学はアドラーの一番の得意科目になったという。

この体験は、得意とか不得意といったことも、思い込みの部分が大きく、逆転が可能だというアドラーの考えにつながったとされる。

ユング少年が生まれ変わった日

ユングが少年のころ、意識を失って倒れる発作を起こすようになって、半年間学校を休んだ話はすでに書いた。ユングは家で好きな本を読んだりして、ぶらぶらしていたある日、父親とその友人が交わしている会話を立ち聞きしてしまう。

父親は、もし難しい病気だとしたら、あの子は一生働くことも社会に出ることもできないかもしれないと、ひどく悲観した胸中を語っていたのだ。自分の病状がそれほど深刻なものだと知って、一番驚いたのはユング自身だった。その瞬間、ユング少年のなかで起きたことを、のちにこう回想している。

「わたしは雷にでも打たれたかのようだった。これこそ現実との衝突であった。『ああそうか。頑張らなくちゃならないんだ』という考えが頭のなかをかけぬけた。

それ以来、わたしは真面目な子どもになった。静かにその場を離れ、父の書斎に入り、自分のラテン語の教科書を取り出し、身を入れて勉強しはじめた。十分後、失神発作があった。椅子からもう少しで落ちるところだった。だが、何分と経たないうちにふたたび気分がよくなって、勉強を続けた。『こん畜生！　失神なんかするもんか』と自分に言い聞かせて、そのまま先へと進んだ。およそ十五分もすると、二度目の発作が来たが、最初の発作とおなじく過ぎていった。『いまこそ、まっしぐらに勉強するぞ！』と、わたしは頑張った。そしてさらに半時間後、三度目の発作が襲ってきた。なお、わたしは屈服せず、もう半時間、勉強した。ついに発作が克服されたということを実感した。急にこれまでの何か月にもまして気分がよいことを実感した。事実、発作はもう二度と繰り返されなかった。その日以来、わたしは毎日文法書と練習帳で勉強した。数週間後、ふたたび登校するようになった。学校でも発作に襲われることはなかった。

（中略）そのときにこそ、わたしの良心が目覚めた。うわべを取り繕って自分がなにがしかの存在として認められるためではない。わたしの良心は自分自身のためのものであった」

ユングは、周囲の評価やほかの生徒との比較などではなく、自分自身の本心から、本来の自分になろうと決意したのである。本来の自分とつながったと言えよう。

自分自身との関係を知る

どんな人でも、養育者や周囲の影響を免れることはできない。それでも、**ある程度、その人の気もちや特性に配慮した環境で育つことができた人では、自分のなかに苦手な面があったとしても、自分なりに好きなことや得意なことについても自覚することができる。**

また、ささやかであろうと人の役に立つことや、逆に誰かから大切にされる体験のなかで、ほどほどの自己肯定感を育み、自分の弱い点を受け入れつつ、自分なりに努力すれば、人から認めてもらうこともできるし、達成感や充実感を味わうことができるということを体験的に学んでいく。

ところが、その人の気もちや特性への配慮もなく、周囲の期待を押しつけられたり、安心感が脅かされるような環境で育ったりすると、失敗や否定的な評価への不安がつきまとい、新しくチャレンジする喜びや期待よりも、失敗して傷つくことへの恐れや恥の感情といったネガティブな感情が先行してしまう。
たとえうまくやりこなせても、達成感や喜びよりも、できなかったわずかな部分にばかり注目して、失敗したとさえ思ってしまう。当然、実際以上に自分を低くみてしまい、自己評価や自己肯定感が抑えられてしまう。

そのため、自分の気もちや感情といった、本来の自分にとって一番大切なことさえ、つまらないことのように思い、表現する値打ちがないかのようにみなしてしまう。それを口に出したりすれば、相手から否定的な評価をされないか、馬鹿にされないかと考えて、言うことを躊躇してしまう。

そうしたことが積み重なるなかで、自分の本当の思いや気もちを言う代わりに、相手が喜びそうなことだけを言うか、心を閉ざし、肝心なことは言わず、何も問題がないようなふりをしてしまう。

本来の自分の気もちや欲求、備わった特性に対して配慮をしてもらえなかった人では、こうしたことが起きやすく、それが繰り返されるなかで、**自分の本当の気もちから自分自身が切り離されていることに慣れっこになり、自分の本心が一体なんなのかも次第にわからなくなっていく。**偽りの自分がいつもの自分であることが当たり前になってしまうのだ。

しかし、そうしたごまかしや自己の隠蔽《いんぺい》は、いつまでもは通用しない。ある期間はそれでしのげたとしても、やがてほころびが現れる。何をしても空しい気もちになったり、人生に徒労感を覚えたり、無意味なことをしているような気もちが心にはびこりはじめる。依存的な行為や刺激で、それを紛らわそうとしても、それさえもやがて行き詰まるときが来る。


根本的な解決のためには、自分自身とつながることが必要なのだが、それを避けて、何をやったとしても、ただの時間稼ぎやごまかしにしかならないのである。

不良から世界的学者になったクレイグ・ベンター

ZUMA Press/アフロ

ヒトゲノム（すべての遺伝子配列）を世界で最初に解読した、アメリカの分子生物学者クレイグ・ベンターは、自らの学校生活を振り返って、幼稚園時代を頂点に下降を続けた、と、回想している。

暗記とテストが大嫌いで、母国語の英語の綴り字もあやふやにしかわからず、高校生のときに、Aの評価をとれたのは、木工と水泳だけだったという。このどちらも、のちに大いに役立つことになるのだが。

世界的な科学者となる兆しは何もなく、衝動的で、反抗的で、問題ばかり起こしていた。ハイスクール時代のベンターは、当時の不良のスタイルであるリーゼントでまとめた髪をダックテイルにし、ビールを飲んだりタバコをふかしたりした。あるときは、仲間と車を盗んで、パトカーに追い回されたこともあった。

ベンター自身、反抗して、ワルを気取って生きていた当時の自分を振り返り、優秀で、何をやってもかなわない兄や姉に対抗して、出来の悪いことで親の注意を引こうとしていたのだろうと自己分析している。

アドラーと似た劣等コンプレックスをベンターも抱えていたと言えるが、病弱だったため親から特別に肩入れしてもらえたアドラーと違って、ベンターは、悪さをしないこと以外、ほとんど親から何も期待されていなかった。停学処分を受け、親から外出を禁じられたベンターは、そんな不自由な暮らしに飽き飽きして、サンフランシスコの実家から飛び出してしまう。

アルバイトを転々としながら、南カリフォルニアのビーチでサーフィンに明け暮れるのは楽しいはずだったが、ベンターは、次第に何か物足りないものを感じはじめていた。ジュニアカレッジ（私立の二年制大学）に入る気になったのは、彼のなかで何か変化が兆しはじめていたことを示しているだろう。

ところが、入学してまだ何も学んでいないうちに、思いがけない事態がベンターの人生に襲いかかる。徴兵通知が届いたのだ。ときは一九六四年、まさにベトナム戦争が拡大しようとしていた。戦争に反対だったベンターは、ここで運命の選択をする。衛生兵になることを志願したのだ。

衛生兵は、敵を殺さなくていいというメリット以外に、兵役期間が延長されないという恩典《おんてん》があった。だが、その理由をベンターは知らなかった。衛生兵は、一般の兵士以上にベトコン（南ベトナム解放民族戦線）から狙われたため、損耗率《そんもう》が高かったのだ。つまり、兵役期間を生き延びる者はほとんどいなかったので、兵役期間を延長する必要がなかったのである。

木工でAを取った手先の器用さが、医療の世界で生きることになった。ベンターは、脳脊髄液の採取や肝臓の生検（長い針を突き刺して、肝臓の細胞を採取する）が得意だった。ベンターはサンディエゴの感染症病棟や救急救命室で半年足らずの実習訓練を受けると、ベトナムに送り込まれた。

彼は、ただ運命に身を任せたわけではない。生き残れる確率を少しでも上げようと、海軍軍医総監宛に手紙を書き、自分の医療技術をアピールするとともに、ダナンの海軍病院でぜひ力量を発揮したい旨を書き連ねたのだ。ベンターは、願い通りの配属命令を受けた。もし、その手紙を書いていなければ、まず生きて帰ってこられなかったとベンターは確信している。

海軍病院は、ベトコンに殺されるリスクは低かったものの、爆弾が炸裂する音を聞きながら、砲弾や地雷で手足を失った患者や機関銃で腸のほとんどを吹き飛ばされた患者の治療をし、話を聴き、彼らの死に立ち会うという仕事は、神経をすり減らすものだった。

ベトナムに来て五か月たったある日、ベンターはその過酷な現実から逃げ出したくなった。海に飛び込むと沖まで泳いだ。力尽きるまで泳いで、海の底に沈むつもりだった。岸も見えないほど沖合まで来たとき、猛毒のウミヘビが泳いでいるのに出会ったが、それでも泳ぎ続けた。

すると、今度はサメが現れて、ベンターの体にぶつかったり、噛みつこうとしてきた。その瞬間、ベンターは我に返ったように死ぬのをやめた。方向を変えると、必死に岸に向かって泳ぎはじめた。このときほど、強く生きたいと思ったことはなかったという。ベンターは、水泳やサーフィンで鍛えていたため、命からがら岸に泳ぎ着くことができた。

そのころ、ベンターが楽しい時間と感じるようになったのは、小さな村の孤児院に医療ボランティアとして出向くことだった。ベトコンに襲われる危険もあったが、目的をわかっていたのか、彼らも遠慮したようだった。

「死と悲惨がはびこるなかで、ささやかながらも人助けのために知識を役立てるうちに、進むべき道がはっきり見えてきた」とベンターは回想する。生きて帰ることができたら、医学部に進み、医師として発展途上国で働こうとの思いを抱くようになっていた。

二年八か月の任務を終えて、無事に本国に帰還したとき、ベンターは、その目的のために行動しはじめる。しかし、ハイスクール時代の成績はお粗末すぎるものだったので、常識的には実現不可能なプランだった。アメリカの制度では、医学部に行くためには、まず大学を優秀な成績で卒業し、メディカル・スクールに進まなければならない。ベンターは、生まれてはじめて勉強に真剣に取り組んだ。

かつての劣等生だった彼が、自信を取り戻すきっかけは、意外にも文学の授業だった。彼が書いた作文を教師が評価してくれて、俄然やる気を出したのだ。それから、まったく苦手だった数学や化学も、次第に面白さを覚えるようになる。だが、学費や生活費を稼ぐため、病院で常勤職員として夜勤をこなしながら勉強を続けることは、医師になるという強い思いがあったからこそできたことだった。

ベンターは、大学でカプランという生化学者と出会う。カプランと議論しているうちに、ベンターが出したアイデアを、カプランはぜひやってみろと応援してくれた。カプランは、彼に実験助手としてのポストを与え、実験に取り組めるようにしてくれた。ベンターは、それにのめり込んでいくことになる。大学が終わるころには、彼はいくつも論文を専門誌に発表していた。

それまで勉強に関して、何一つほめられたことのなかったベンターが、研究者としては、有能だと認められたのだ。大学を卒業したとき、彼は医学部（メディカル・スクール）に行くべきか、大学院で研究をすべきか迷ったが、彼が出した結論は研究者になることだった。それは、医者になる以上に彼の天職だったのだ。

ベンターは、発達特性としては、ＡＤＨＤやＬＤの傾向を抱え、加えて、優秀な兄や姉の陰に隠れて、親からもあまり認めてもらえず、不安定な愛着の課題も抱えていたと言えるだろう。それが彼の反抗的な態度ややけっぱちな生き方にもつながっていた。十代までのベンターは、自分のもっている特性の悪い点ばかりを、周囲も自分自身ももてあまし、長所をまったく活かせずにいた。

しかし、危機的な経験や人から認められる体験のなかで、彼は自分自身とつながり、自分の本来の可能性を開花させていくことになったのである。

主体性を取り戻す

発達特性のために生じる失敗や否定的体験は、主体的に道を切り開くために必要な自分に対する信頼感を育むことを妨げる。自分は愚かで、無力で、どうせまた失敗するだけだと思ってしまい、投げやりな人生や消極的な人生を歩みがちだ。無気力と消極性が、可能性を狭めるだけでなく、せっかくチャレンジしても、自分から失敗する方向に自分を仕向けてしまうこともある。

その悪循環から脱し、自分の進むべき道を歩んでいくために必要なのは、このままではダメだという危機感をもつとともに、自分が本当にこの生き方を望んでいるのか。どちらに向かって進んでいくか、自分の人生を何に使い、何を目指すのか。そうしたことを問い直すことである。

これまで親や周囲の人たちから言われたり、期待されたり、脅されたりして、渋々やってきたことは、本当に自分のやりたいことなのか。自分が知らず知らず諦めてしまっている可能性はないか。いったん、すべてを白紙にして、自由な視点で、自分の生き方を見直してみる。自分とつながるためには、そうしたプロセスが必要なのである。

自分がどうなりたいか、何がしたいのか、何を大切にして生きていくのかということについて、ある程度明確に自覚してはじめて、自分で主体的な決断を下し、前に踏み出すことができる。

過去にどんなに失敗や否定的体験があろうと、それを恐れるよりも、自分の人生を大切にしたいという気もちのほうが勝るのである。人から与えられた評価や押しつけではなく、自ら望むことを選び、自分の納得する生き方をしようとする。

自分の可能性を信じられなかったSさん

Sさんは、とても繊細な二十代後半の女性である。大学のマンガ学科を卒業したものの、就職はせず、バイトで食いつなぎながら、細々とマンガを描いていた。子どものころから内気で、友だちと遊ぶより、一人で絵を描くのを好んだ。就職しなかったのは、マンガを続けたいという気もちとともに、会社という組織でうまくやっていける自信がなかったからでもある。Sさんも、グレーゾーンの特性を抱えていたと言える。

しかし、現実は甘くはなかった。感覚が過敏で、体力もなく、バイトの仕事だけで疲れてしまうため、マンガを描く気力が残っていないことも多かった。それでも、作品を何度か応募したが、どれも落とされ、だんだんと応募するのが怖くなってしまった。たまに知人を経由して入ってくるイラストの仕事以外、プロとしての仕事はほとんどしていない状況だった。自分の描くマンガに自信がもてず、この先続けても見込みがないのではないかと、将来の不安を口にした。

それでも、続けているのはどうして？　と尋ねると、しばらく考えて、やっぱりマンガが好きだからと笑った。

わたし自身、小説家になりたくて、二十代から新人賞に応募し、何度も落とされた経験があったので、彼女の心境がよく理解できた。送っても送っても落とされることが続き、はじめて一次予選を通過するのに、五、六年かかったが、それからデビューするまでには、さらに十年の歳月を要した。

わたしに言えることは、自分がどうしたいかが一番大事だということと、もう一つ、人の評価を恐れたらダメだということだった。「どんなにいい作品も、すぐに認められるわけではないからな。認められるまで、遠慮せずに、送り続けることだよ」

そのときは、あいまいに笑ったSさんだったが、それから半年ぐらいして、編集者から連絡が来て、マンガの仕事を頼まれたという。わたしのほうが思わず歓声を上げそうになった。だが、Sさんは喜ぶというよりも、いまからプレッシャーに緊張しているようだった。

幸い作品は好評で、その後、連載の仕事もこなし、忙しそうだ。わたしなどより十年も早いデビューで、今後の活躍が楽しみだ。

回避癖を脱したFさん

Fさんは二十二歳の大学生だ。本来なら、もう就職する年齢だが、以前行っていた大学に通えなくなり、やり直していたため、新しい大学の二回生である。しかし、いまFさんの心には、以前のような迷いや逃げてしまう癖はない。

最初の大学を「合わない」と感じて行けなくなり、もう一度、予備校に通って大学に入り直したが、一か月も通わないうちに、「面白くない」「だるい」と、講義の内容に対しても学生に対しても期待外れだと感じ、一時、また休みが増えはじめていた。カウンセリングを受けはじめたのは、そのころからだ。

こだわりや過敏な面があり、また、人と気楽に交われないという点で、対人関係の困難もあるが、ASDというわけではない。恐れ・回避型がベースにある回避性パーソナリティというのが、Fさんの課題に思えた。

そもそも、自分で決めて入り直した大学だったが、予備校での勉強も、追い込みで踏ん張りがきかず、一番行きたかったところというよりも、妥協して入った大学だった。

もう一度、予備校に通って、自分が本当に行きたい大学に行くべきか、それとも、何か別のところに問題があるのかと、悩んでいた。

相談していたカウンセラーからは、たとえ、もう一年かけて第一志望校に入ったとしても、同じように通うのが嫌になるのではないか。本当の問題は、Fさんのプライドの高さと、プライドが傷つくことを避けようとする回避癖ではないのかと、指摘され、ハッとしたのだった。

思い当たることだらけだった。合わないというのにしても、まだ実習さえはじまっていない。ただ毎日起きて、電車に乗って大学に通い、その他大勢の学生と一緒に教室に入っていくのが苦痛で、そう言い訳しているだけではないか。講義がつまらないと不満に思いながら、その実は、指名される可能性のある少人数の講義から足が遠のきやすいのは、年下の学生に、自分の無能ぶりがさらけ出されるのが嫌で、あれこれ理由をつけているだけではないか。

プライドの高さゆえに、失敗したり、恥をかいたりして、プライドが傷つくことに臆病になってしまい、そうした状況を避けようとしているだけではないか、というカウンセラーの指摘は、図星に思えた。

「プライドを守るために、逃げ続ける？」と尋ねられ、Fさんははじめて自分自身に向き合った。

それは嫌だった。もう逃げたくはなかった。逃げる言い訳ばかり見つけるのは、嫌だった。

「じゃあ、プライドを捨てて、恥を覚悟でやってみたら」

それから、Fさんは、回避したくなるたびに、そのときのことを思い出した。回避したあとで自分がどう思うかを考えると、そちらのほうがずっと嫌に思えた。

一年後、Fさんは、「講義が面白いとか、やっていることが楽しいっていうのよりも、もう回避したくないっていうのが強いです」と語った。

「思っていたより、いいやつもいて。こっちが自分をさらけ出さないと、向こうも本心を見せないんだなって。傷つくことから逃げるのをやめたら、むしろ楽になった気がする」

グレーゾーンの人は、過敏さや傷つきやすさを抱え、プライドだけがバランス悪く

高いということも多いので、回避の誘惑はより強いものになりがちだ。回避を正当化する理由をあれこれ見つけてしまう。

しかし、自分の人生を取り戻したいと本気で思うようになったとき、回避を続けてプライドを守るよりも、プライドが傷つこうが自分のなすべきことをしたいと思えるようになる。

そして、不思議と、**プライドが傷つかないように守ろうとすると、プライドは傷つきやすいが、自分から傷ついてもいいと無防備な自分をさらけ出しはじめると、プライドはあまり傷つかない**ものなのだ。

自分の価値が認められる体験

自分を受け入れられる体験をすることが、回復の出発点となるが、心の傷や自己否定にとらわれた状態から抜け出し、自分を肯定できる状態まで本格的な回復を遂げるためには、それだけでは十分ではない。

自己否定や心の傷を抱えている人の回復を困難にしているのは、生きること自体に意味を失っているということである。人を信じられなくなったり、この世界が信頼できるものでないばかりか、自分自身に対する信頼を失っている。いつまた欺《あざむ》かれ、傷つけられるかもしれないという危うさとともに、自分はどうせ誰からも大切にされず、ひどい目に遭うしかない、愚かで取り柄のない人間なのだという思いが執拗に頭によぎる。

そこを逆転していくためには、あなたはありのままのあなたでいいとか、何も頑張らなくていい、ただ生きているだけでいいと言われたとしても、気もちは楽になりながらも、本当には満たされない。

自分が何かを成し遂げるとか、何かの役に立っているとか、必要とされているという体験をすることを通して、自分の価値を認められることが、自分に対する信頼を回復するためには必要なのである。

どんな些細なことからでもいい。汗を流して、何かをやり遂げることだけでも自己効力感は高まるが、誰かが喜んでくれることで、その気もちはさらに賦活《ふかつ》される。世話をするとか、誰かを助けることがそのきっかけになることもある。自分のためには頑張れなくても、自分を必要としてくれる存在のためには、人は頑張れたりする。

どんな仕事も続かなかった青年を変えたもの

はじめて筆者のもとにやってきたころのT君は、些細なことで癇癪《かんしゃく》を起こすと、大暴れして、救急外来のお世話になったことも一度や二度ではなかった。過敏で、こだわりが強く、思い通りにいかないことがあるたびに、怒りがコントロールできずキレてしまうのだった。

ASDの発達特性もあったが、それとともに、T君はもう一つ心に傷を抱えているようだった。父親のDVのため両親が離婚し、母親と暮らすようになったのだが、もともと父親っ子だったT君は、複雑な葛藤を抱えていたのだ。母親のお気に入りの妹と母親が仲睦まじそうにすることも、T君のイライラの種だった。

中学の途中から不登校になったT君は、どうにか入った高校も途中から通えなくなる。通信制に変わってどうにか卒業し、リベンジをかけて進んだ社会福祉系の大学も、夏休みまでもたず、行けなくなってしまった。それから、長いT君の暗中模索の歳月がはじまることになる。

夢は大きく、起業家を目指すと経営を学んだこともあれば、医療系に進もうと専門学校に入ったこともあった。どちらもうまくいかず、職業訓練を受けたり、通信制の大学に籍を置いたり、就労移行支援事業所に通ったり。しかし、どれも続かなかった。仕事も転々とした。一般就労は難しいと、精神障害者保健福祉手帳も取得した。だが、手帳を使って雇ってもらった簡単な軽作業や清掃の仕事さえ、すぐ辞めてしまい、誰もが、T君にできる仕事はないのではないかと、思いかけていた。

流れが変わったのは、子どもにかかわる仕事をするようになってからだ。放課後、子どもと一緒に遊んだり、勉強をみたりする仕事だった。そんな大変な仕事、一週間ももたないのではという周囲の危惧《きぐ》をよそに、一か月たっても、T君は、仕事を続けていた。あれっ、まだ頑張っているんだ、と意外な気がしながら、もう辞めるだろう、そろそろ辞めるだろう、と思っているうちに、三か月が過ぎ、半年になったところで、ようやく辞めた。上のスタッフとの意見の食い違いが原因だった。

十分頑張ったよと慰めたが、本人は悔しそうで、どうしてこうなったのか、反省することしきりだ。終わったことは気にせず、ゆっくりしたらいいよ、と言っていたのだが、半月もたたないうちに、次の仕事が決まったという。また子ども関係の仕事だった。この仕事が好きなんだと思って聞いてみると、T君は、ほかの大人のように、大人の常識で子どもに接するのではなく、子どもの気もちに寄り添うことができるようだ。T君が子どもたちのことを語るときは、きらきらと目が輝く。

それでも、また半年ほど続いたところで、辞めた。子どもの気もちに寄り添いすぎることで、周囲のスタッフとぎくしゃくしてしまったようだ。T君の気もちはよくわかった。子ども目線で寄り添う人のほうが、そうした職場では、うっとうしがられるというのは、ありがちなことだからだ。

現実と折り合いをつけることは、まだ二十歳を過ぎたばかりのT君には、難しすぎる課題に違いなかった。もうこれ以上T君に傷ついてもらいたくない気もちもあり、十分頑張ったから、少しゆっくりしなさいとしか、かける言葉がなかった。

ところが、T君は諦めなかった。ひと月ほどで次の仕事に採用されると、別の児童関係の施設で働きはじめた。子どもにかかわる仕事をはじめてから、T君の表情には以前と違う輝きがあったが、今回は、一段と増して真剣さと意欲が感じられた。それに、かつてとは別人のような落ち着きや積極性も。

要因の一つは、彼の上司である施設長の存在のようだった。T君ははじめて、人間的にも、子どもに対するスタンスでも、手本とすべき人物に出会ったようだった。その施設長が、T君のことを理解してくれ、その取り組みを評価してくれるようになったのだ。

一年を過ぎたとき、手帳の更新の時期を迎えていたT君は、施設長に尋ねてみた。この先、この仕事を続けていくのに、手帳を更新しておいたほうがいいですかと。すると、施設長は答えたという。もともと障害者枠で雇っているわけではないので、更新するかしないかは、きみが選べばいいと。T君は手帳を更新しないことを選択した。

T君が、児童にかかわる仕事に、特別な関心と能力を発揮できたのには、T君自身が味わった苦労ゆえに、子どもが抱きがちな寂しさや怒りといった気もちをよく理解できるということもあっただろう。また、T君自身が、カウンセラーや医師に支えられ、ここまでやってきたが、人に寄り添われる体験のなかで、いつのまにか、今度は彼が人に寄り添うということを身につけていたのかもしれない。

そして、もう一つ、彼は失ってしまった彼自身の父親像を、尊敬すべき上司のなかに見出したように思える。

幼いころから、安心を味わうどころか、裏切られて育った人にとって、人間ほどあてにならないものはない。他者に対しても自分に対しても、否定的な考えをもったとしても、当然だろう。それが逆転するためには、信頼できる存在や自分を求めてくれる存在とのかかわりによって、自分の価値を取り戻すことが必要になるのである。

本来の自分とつながるプロセスで役に立つ専門的なアプローチとして、本人の考えを邪魔することなく、傾聴する来談者中心のカウンセリングがまず挙げられるだろう。自分自身のなかでまだ気づいていない、言葉にならない思いや感覚を探っていき、それを言語化し、さらに行動に変えていくのには、イメージや感覚に焦点を当てる各種の心理療法が役に立つ。

また、本来の自分に向き合うことを避け、回避が起きている場合には、自分が何をしたいのかを明確にすることで、行動の変容をはかるACT[*18]や、筆者が開発した恐れ・回避型愛着スタイル（回避性パーソナリティ）改善プログラム[*19]が適しているだろう。

第10章

すべての苦労が恵みとなって返ってくる

特別な味方になる

発達特性に加えて、愛着の課題や否定的な体験からくるトラウマを抱えやすいグレーゾーンの人が、どう生きていくことが、自分を少しでも生かし、恵まれた人生を過ごすことにつながるのか。たとえ苦労が多くとも、頑張ってよかったと思えるような、報われる人生を手に入れることに役立つのか。

そのために大切だと思うことを、医学的な知識や臨床経験だけではなく、多くの人の人生からも学びながら、ここまで書き進めてきた。

最後の本章では、筆者自身、発達の課題だけでなく愛着の課題や何がしかの心の傷も抱えながら生きてきた人間として、自分の人生を振り返ったとき、何が生き抜いていくのに役立ったのかということについて、書いてみたいと思う。

わたしは自閉的で、自分の世界にこもってしまうようなところがあるだけでなく、衝動的で、頑固で、てこでも動かず、言うことを聞かず、思い込んだら突っ走ってしまうような子どもだった。母はわたしを育てるのにだいぶ手を焼いたようだった。そこには、家庭環境の問題も関係していただろう。家の特殊な事情により、母は始終泣いていたが、わたしも母を泣かせる原因の一つになってしまった。

成績も正直ぱっとしないものだった。母はわたしの能力を少しでも伸ばしてやろうと、ひどく貧乏だったにもかかわらず、習い事に行かせようとした。だが、何一つ続かず、どの習い事も、あとの半分くらいは、ずる休みをして、月謝だけを払っているようなものだった。比較的続いたのは、小学五年生のときからはじめた柔道で（珠算と入れ替わりくらいだったと思う）、背負い投げや受け身が少しばかり上達しただけでなく、人とからむよい訓練になったと思う。しかしこれも、投げられたときに畳にたたきつけられるのがだんだん苦痛になって、やめてしまった。

そんな根性も、特別な能力もない、問題だらけの少年が、少しずつ頑張ろうと思うようになり、勉強にもそれ以外の活動にも、意欲的に取り組むようになったのは、それを喜んだり評価してくれる人がいたからに違いない。

大きくなるにつれて、それは自分のために頑張るという意識に変わっていったのであろうが、自分のことのように一喜一憂してくれる存在がいてくれるということは、出発点として大きかったように思う。

それゆえ、わたしが子どもをもつ親や子どもにかかわる仕事に従事する人に、まず伝えたいのは、その子の特別な味方になってほしいということだ。**世界中が敵になろうが、その子を決して見捨てない特別な味方に。**そうした存在がいるだけで、子どもは百人力《ひゃくにんりき》を得る。

光が当たる子ばかりではない。その子を優先してくれるような存在をもたない子どもがいないか見渡してほしい。もしいたら、その子にこそ光を注いでほしい。

不幸にして、そうした守ってくれる存在をもたないことは、大きなハンディとなってしまう。それゆえ、われわれ支援に携わる者の大切な仕事の一つは、その不足を、少しでも埋め合わせることに違いない。

青年期は迷いながらもいろいろと試してみること

青年期になるにつれて、人は、誰かを喜ばすためということでは、もはや満たされなくなっていく。しばしば自分探しという言い方がされるが、その言葉自体に誤解されやすい落とし穴があるように思う。

もっと適切には、自分が何を目指して進むのか、何をしたいのか、何に人生を賭けるのかを探すことだと言える。さらに、その先を言えば、どうすれば自分が納得できることをして人に喜んでもらえるようになるか、生き場所を探す旅だと言える。それは、自分とはこういう存在だという静的なモデルで表されるものでなく、それが見つかったからといって、自分が何者かがわかるというものでもない。

最初のうちは、自分が目指すべきは、どうやらあっちのほうだというような漠然とした方向性でしかないのだ。あっちのほうだと思っていたら、じつは方向が違っていたということも起きるが、それは決して無駄ではなく、あっちではなかったということがはっきりしたぶん、前進なのだ。進んでいくにつれて、そうか、こういうのがやりたかったのだと、具体的なことが見えてくる。

つまり、立ち止まっていくら考えていても、どこへ向かったらいいかなど、わかりっこないのだ。あっちに行ったりこっちに行ったりして、はじめてどうやらこっちらしいということがわかってくる。

それゆえ、わたし自身、この時期にやったことで大いに役立ったことといえば、右往左往して、いろいろ迷いながら試してみたことだと思う。大学も途中で辞め、学生生活を十年もして、親にはさんざん迷惑をかけたが、何一つ無駄にはならなかった。

悩んだとき、立ち止まることも大切だが、立ち止まってばかりいても、埒が明かない。**方向が違っていてもいいから、とにかく行動してみることだ**。もちろん自分のやりたいことが心のなかにはっきりしているのならば、それに向かって進んだらいい。**万一、当初の目的には、たどり着かないことがあったとしても、その間に、進むべき本当の道が見えてきたりする**。じっとして動かないでいたら、それは見えないままに終わってしまうものだ。

心を開けば、可能性も開けていく

いまから考えてみても、二十代のころのわたしは、とてもネガティブで悲観的だった。なんでも最悪のことを考えてしまう癖があり、一人考えて落ち込んでいた。人に対しても臆病で、自分の気もちを話したり、ありのままの自分をさらけ出すことに、強い抵抗と恥の感情があった。心の底では、自分はみっともない存在だという感覚がぬぐいきれなかった。

人は誰しも認められたい、愛されたいという本源的な欲求をもつはずだが、自分の気もちに自分がうまくつながっていないと、気もちを素直に行動に移すことができない。まるで逆のことをする。

否定されたり疎まれたりすることが多いと、愛され方を忘れてしまい、どうせ否定されると身構え、相手を寄せつけない。ときには傷つけるようなことをしてしまう。案の定、近づいてこようとした相手は、冷や水を浴びせられたようにそっぽを向くことになる。

わたしもそんな時期があった。

心を開くことを教えてくれたのは、わたしの傷つきやすいプライドなどおかまいなく、わたしに近づいてきてくれた何人かの人物と、とことん語り合ったりぶつかったりすることによってであった。それは、さらに精神科医としてさまざまな人生と向き合うことを通して、否が応でも磨かれていったように思う。

わたしよりもっと心を閉ざした存在に向き合うとき、こちらが心を開かなければ、何もはじまらなかった。そこで役立ったのは、自分が心を開けなかったときの体験だった。諦めずに語りかけ、待ち続けていると、いつしか相手も心を開くようになる。それは、かつてほかの人たちがわたしにしてくれたことだった。

そこから、自分を守ってばかりいるのではなく、心を開くことが少しずつできるようになって、それとともに自分の可能性も少しずつ広がりはじめた。いくつかの出会いやチャンスに、思い切ってチャレンジすることもできた。

失敗してもいつしか恵みとなって返ってくる

だから、もし自分の可能性に臆病になっている人がいたら、思い切って一歩踏み出してみてほしい。失敗したり恥をかいたりする恐れは、あって当然だ。だが、踏み出さないまま人生の最後に後悔するよりは、たとえうまくいかなくても、やれることをやり尽くしたほうが、納得がいくに違いない。

特性ゆえの生きづらさや否定的な感情がなくなるわけではないし、そうした困難やハンディのない人に比べると、ほかの人が当たり前にできることさえも、決して当たり前でなく、同じことをしても、何倍も疲れたり、時間がかかったり、肝心なところで失敗をしてしまったりする。

頑張っても、ほめられるどころか、誤解されることや、思わぬ叱責《しっせき》や非難に傷つくこともある。どうしてこんなふうに要領が悪く、不器用なんだろうかと、自分に苛立ったり、自分が情けなく思えたりすることもある。

だが、その苦労ゆえに手に入るものもある。やすやすと成し遂げられる人には、味わえない境地もある。

もちろん、向かないことに見切りをつけることも大事だが、それが本当にやりたいことならば、とことんやってみる価値がある。何かを成し遂げられるかどうかは、能力の違いよりも、うまくいくまでやり続けるかどうかにかかっているからだ。

そして、最後にもう一つつけ加えるとしたら、どんなことも、いつしか恵みとなって返ってくるということだ。人生に無駄なことは、何一つないということだ。

注釈

＊1　ニューロフィードバック・トレーニング

脳波の状態をモニターすることで、集中した状態やリラックスした状態を可視化し、望ましい脳波帯が現れると音や映像でフィードバックをして、脳が自律的に学習するトレーニング法。ＡＤＤ／ＡＤＨＤ、自閉症、うつ病など、さまざまな状態の改善に効果が報告されている。

＊2　認知行動療法

認知（物事の受け止め方）に働きかけて気もちを変化させる認知療法と、行動の引き金と結果を操作することで、行動を変化させる行動療法が合わさったもの。うつ病や不安障害などの精神疾患をはじめ、発達障害にともなう問題行動の改善にも有効である。

＊3　認知トレーニング

精神機能全般のベースにある認知能力を強化することで、学習能力や注意力、作業能力のみならず、精神状態や行動の改善をはかる方法。たとえば、注意の切り替えを訓練することで、とらわれやすい傾向を改善し、気もちの安定や日々のパフォーマンスの向上をはかる。

＊4　非中枢刺激剤による薬物療法

ＡＤＨＤ改善薬には、メチルフェニデートのように、ドーパミンで前頭前野を直接刺激して、脳の覚醒を高め、注意力を高めるタイプの薬剤と、アトモキセチンのように、脳の覚醒には作用せず、前頭前野の機能を高めるタイプなどがあり、後者のことを指す。

＊5　メンタライゼーション・トレーニング

メンタライゼーション＝「自分自身や他人の行動の背後にある思考や感情を推測し理解する能力」を鍛えるトレーニング。メンタライゼーションがうまくできることで、他人の気もちを理解しやすくなり、人間関係が円滑になる。カウンセリングとともに、視点を切り替えるトレーニングやマインドフルネスなどを行う。

＊6　アサーショントレーニング

相手の考えも尊重しながら、自分の気もちや意見を、バランスよく主張できるようになるためのトレーニング。理論的枠組みに沿って、ワークを重ねながらスキルを身につけていく。

＊7　『不安型愛着スタイル　他人の顔色に支配される人々』(岡田尊司著／光文社／2022年)

＊8　マインドフルネス

瞑想やヨガを医学的に発展させた方法で、呼吸や体感に注意を向け、抵抗することなく、現実をありのままに味わい、受け入れることを身につける。

＊9　弁証法的行動療法

認知行動療法と禅の考え方を統合したもので、自傷や自殺企図の激しい境界性パーソナリティ障害の改善のためにマーシャ・リネハンによって開発された。二分法的認知を改善することで、両極端な感情や行動の改善をはかる。

＊10　ＭＢＴ

Mentalization-based treatment のことで、もともとは、境界性パーソナリティ障害の治療のために、ピーター・フォナギーによって開発された治療法。メンタライゼーションを高めることによって感情のコントロールや対人関係を改善する。

＊11　両価型愛着改善プログラム

境界性パーソナリティ障害のみならず、生きづらさの根底にある不安定な愛着スタイルの改善のために、岡田尊司により開発されたプログラム。弁証法的行動療法やＭＢＴの方法を取り組みやすくし、愛着の課題と結びついた認知やメンタライゼーションの課題に、段階的に取り組むことができる。

＊12　森田療法

森《もり》田《た》正馬《まさたけ》によって創始された神経症を克服するための精神療法。森田自身の体験と禅の考え方が根幹にあり、「不安や恐怖を排除する」のではなく、「あるがまま」に受け入れることを重視する。

＊13　マインドフルネス認知療法

認知療法に、マインドフルネスのアプローチがミックスされたもの。不安やうつといった否定的な感情や認知も、よくないものと価値判断せず、ありのままに受け止め、ただ味わいながら、流れ去っていくままにする。

＊14　ソマティック・エクスペリエンシング（SE）

Somatic Experiencing：SE。ピーター・ラヴィーンによって創始されたトラウマ・セラピー。トラウマ反応は、理性のコントロールを超えた身体レベルの反応をともなっているため、身体感覚に注意を向け、体に閉じ込められた恐怖を徐々に解放していく。

＊15　ハコミセラピー

ロン・クルツによって確立された心理療法、トラウマ療法。「ハコミ」とは、アメリカの先住民ホピ族の言葉で、「あなたは誰？」を意味する。「いまここ」の体験を感じてもらいながら、それをつくり出している「コア・マテリアル」（幼いころの家庭環境から生じた心の葛藤）に着目し、感覚やイメージも活用し、それを変容させていく。

＊16　ブレインスポッティング

デイビッド・グランドによって開発されたトラウマ療法。ＥＭＤＲ（眼球運動を用いたトラウマ療法）とソマティック・エクスペリエンシング（ＳＥ）などの要素を含み、「神経系と感情体験に関連がある目の位置（ブレインスポット）を見つけて、そこにフォーカスする」ことで、癒やしをもたらすとされる。

＊17　ＴＦＴ

ロジャー・キャラハンにより開発された療法で、思考場療法（Thought Field Therapy）のこと。鍼のツボを適切な順番にタッピングすることで、心身の症状の改善をはかる。

＊18　ＡＣＴ

Acceptance and Commitment Therapy（アクセプタンス&コミットメント・セラピー）の略称で、新世代の認知行動療法の一つ。セラピストとの対話や自身の実践を通じて、「いまこの瞬間」自分のなかにある思考や感情を受け容れながら（アクセプタンス）、自分自身が大切にしたい価値に向かって行動すること（コミットメント）を目指す。

＊19　恐れ・回避型愛着スタイル（回避性パーソナリティ）改善プログラム

岡田尊司によって開発された恐れ・回避型に特化した愛着改善プログラム。恐れ・回避型の人は、傷つくことが怖くて、親密な関係や自己開示を避けてしまう。しかし、自分をわかってほしいという思いも強い。そこでこのプログラムでは、傷つくことの怖さを乗り越えていくプロセスをサポートする。

主な参考文献

『発達障害「グレーゾーン」その正しい理解と克服法』岡田尊司、SB新書、2022
『愛着障害の克服』岡田尊司、光文社新書、2016
『愛着アプローチ　医学モデルを超える新しい回復法』岡田尊司、角川選書、2018
『ADHDの正体　その診断は正しいのか』岡田尊司、新潮社、2020
『不安型愛着スタイル』岡田尊司、光文社新書、2022
「愛着関連障害と愛着アプローチ―『医学モデル』から『愛着モデル』へのパラダイムシフト―」岡田尊司『心身医学』62巻5号、2022
『メンタライゼーション・ハンドブック　MBTの基礎と臨床』J・G・アレン、P・フォナギー編、狩野力八郎監修、池田暁史訳、岩崎学術出版、2011
『境界性パーソナリティ障害の弁証法的行動療法　DBTによるBPDの治療』マーシャ・M・リネハン著、大野裕監訳、阿佐美雅弘、岩坂彰、他訳、誠信書房、2007
『身体に閉じ込められたトラウマ　ソマティック・エクスペリエンシングによる最新のトラウマ・ケア』ピーター・A・ラヴィーン著、池島良子、西村もゆ子、福井義一、牧野有可里訳、星和書店、2016
『愛着関係とメンタライジングによるトラウマ治療』J・G・アレン著、上地雄一郎、神谷真由美訳、北大路書房、2017
『アドラーの生涯』エドワード・ホフマン著、岸見一郎訳、金子書房、2005
『成功はゴミ箱の中に』レイ・クロック、ロバート・アンダーソン著、野地秩嘉監修・構成、野崎椎恵訳、プレジデント社、2007
『ユング自伝1―思い出・夢・思想』カール・グスタフ・ユング著、アニエラ・ヤッフェ編、河合隼雄、藤縄

昭、出井淑子訳、みすず書房、1972
『脳科学者 ラモン・イ・カハル自伝 —悪童から探求者へ』サンティアゴ・ラモン・イ・カハル著、後藤素規編、小鹿原健二訳、里文出版、2009
『ヒトゲノムを解読した男 クレイグ・ベンター自伝』J・クレイグ・ベンター著、野中香方子訳、化学同人、2008
"Health status and the five-factor personality traits in a nationally representative sample" Goodwin, R.D. & Friedman, H.S., J Health Psychol. 11(5), 2006
"Autism Breakthrough : The groundbreaking method that has helped families all over the world", Raun K. Kaufman, St. Martin's Griffin, 2014
"Attachment in adulthood; structure, dynamics, and change", Mario Mikulincer & Phillip R. Shaver, The Guilford Press, 2007

著者略歴

岡田尊司（おかだ・たかし）

1960年、香川県生まれ。精神科医、作家。医学博士。東京大学文学部哲学科中退。京都大学医学部卒。京都大学大学院医学研究科修了。長年、京都医療少年院に勤務した後、岡田クリニック開業。現在、岡田クリニック院長。日本心理教育センター顧問。パーソナリティ障害、発達障害治療の最前線に立ち、現代人の心の問題に向かい合っている。著書に『アスペルガー症候群』（幻冬舎）、『愛着障害』（光文社）、『母という病』（ポプラ社）、『パーソナリティ障害』（PHP研究所）、『発達障害「グレーゾーン」その正しい理解と克服法』（SBクリエイティブ）などベストセラー多数。小説家・小笠原慧としても活動し、作品に横溝正史賞を受賞した『DZ』、『風の音が聞こえませんか』（ともに角川文庫）などがある。

SB新書　619

発《はっ》達《たつ》障《しょう》害《がい》「グレーゾーン」
生《い》き方《かた》レッスン

2023年6月14日　初版第1刷発行
2023年12月19日　初版第6刷発行

著　　者　岡田尊司《おかだたかし》
発 行 者　小川 淳
発 行 所　SBクリエイティブ株式会社
〒106-0032　東京都港区六本木2-4-5
電話：03-5549-1201（営業部）

装　　幀　杉山健太郎
装　　画　須山奈津希（ぽるか）
本文デザイン　荒井雅美（トモエキコウ）
D　T　P　株式会社 RUHIA
編　　集　杉本かの子（SBクリエイティブ）
印刷・製本　大日本印刷株式会社

本書をお読みになったご意見・ご感想を下記URL、
または左記QRコードよりお寄せください。
https://isbn2.sbcr.jp/18230/

落丁本、乱丁本は小社営業部にてお取り替えいたします。定価はカバーに記載されております。
本書の内容に関するご質問等は、小社学芸書籍編集部まで必ず書面にて
ご連絡いただきますようお願いいたします。

ISBN 978-4-8156-1823-0